Ricettario di friggitrice ad aria per principianti:

100+ ricette veloci e deliziose della friggitrice ad aria per i fritti più sani

Maria Graziosa

forma finale che le informazioni assumono. Questo include le versioni copiate dell'opera, sia fisiche che digitali e audio, a meno che il consenso esplicito dell'Editore sia fornito in anticipo. Ogni altro diritto è riservato.

Inoltre, le informazioni che si possono trovare all'interno delle pagine descritte qui di seguito devono essere considerate sia accurate che veritiere quando si tratta di raccontare i fatti. Come tale, qualsiasi uso, corretto o scorretto, delle informazioni fornite renderà l'editore libero da responsabilità per quanto riguarda le azioni intraprese al di fuori della sua diretta competenza. Indipendentemente da ciò, non ci sono scenari in cui l'autore originale o l'editore possono essere ritenuti responsabili in qualsiasi modo per eventuali danni o difficoltà che possono derivare da una qualsiasi delle informazioni qui discusse.

Inoltre, le informazioni nelle pagine seguenti sono intese solo per scopi informativi e dovrebbero quindi essere considerate come universali. Come si addice alla sua natura, sono presentate senza assicurazione riguardo alla loro validità prolungata o qualità provvisoria. I marchi di fabbrica che sono menzionati sono fatti senza consenso scritto e non possono in alcun modo essere considerati un'approvazione da parte del titolare del marchio.

Contenuto

ZUCCHINE VIOLA KETO

Ingredienti

- 900 G di zucchine

- 1 stk limone (succo)

- 1 premio di sale

- 4 uova stk

- 3 EL farina di mandorle

- 120 G di formaggio (grattugiato)

- 2 stk cipolla

- 2 pallini di olio per la friggitrice ad aria

preparazione

- Per le zucchine viola Keto, prima lavare le zucchine e grattugiare con una grattugia. Immergere in una ciotola di sale e succo di limone per circa 30 minuti. Poi esprimere bene con le mani.

- Nel frattempo sbucciare la cipolla e tritarla finemente. Ora mescolate bene in una ciotola le zucchine, la cipolla, il formaggio, le uova e la farina. Condire ancora il composto finito con il sale.

- Dalla massa formare delle polpette e cuocere in una friggitrice ad aria con olio su entrambi i lati dorati.

ZUCCHINE CURRY

Ingredienti

- 1 colpo di Pfanzenöl

- 1 stk cipolla

- 3 stk spicchi d'aglio

- 3 stk peperoncino (verde, fresco)

- 2 cm di zenzero

- 1 TL di peperoncino in polvere

- 2 stk zucchine

- 2 stk pomodori

- 2 TL semi di fieno greco

preparazione

- La cipolla, lo zenzero e l'aglio vengono sbucciati e tritati finemente. Anche i peperoncini vengono tritati finemente dopo averli lavati.

- Le zucchine e i pomodori vengono lavati e affettati.

- In una friggitrice ad aria, l'olio viene riscaldato e la cipolla, lo zenzero, l'aglio, il peperoncino e la polvere di peperoncino vengono mescolati insieme e saltati. Poi aggiungere il pomodoro e le fette di zucchina e soffriggere per altri 6 minuti, mescolando costantemente.

- Ora aggiungete le foglie e i semi di coriandolo e soffriggete per altri 5 minuti fino a quando le verdure sono cotte.

- Infine, il tutto viene condito con sale e pepe e servito.

SPAGHETTI DI ZUCCHINE CON BRUNCHNATURE

INGREDIENTI

- 2 zucchine stg

- 1 Pk Brunch nature o brunch balance erbe

- 1 premio sale

- 2 olio EL

- 1 premio pepe fresco macinato

- 50 G di formaggio feta

- 2 EL di grana o parmigiano grattugiato

- 1 spicchio d'aglio stk

preparazione

- Tagliare le zucchine in "spaghetti" sottili con uno spiralizzatore o con uno zestzer. Partire dal guscio, lavorare la polpa e lasciare l'interno con i semi. Friggere in una friggitrice ad aria con un po' d'olio a fuoco medio, mescolando di tanto in tanto.

- Per la salsa: tritare grossolanamente l'interno delle zucchine e soffriggere in una seconda friggitrice con lo spicchio d'aglio tritato finemente. Brunch Nature o Brunch Balance Aggiungere le erbe e riscaldare. Tritare la feta e mescolare. Condire con sale e pepe.

- Disporre gli "spaghetti" di zucchine sui piatti, aggiungere la salsa e cospargere di grana o parmigiano grattugiato fresco.

ZUCCHINE BUFFER KETO

Ingredienti

- 1 kg di zucchine

- 1 stk limone

- 1 premio di sale

- 4 uova stk

- 100 G Graukäse

- 2 stk cipolla

- 2 EL farina di mandorle

Preparazione

- Dimezzare il limone e spremerlo. Lavare le zucchine, grattugiarle e mescolarle con il succo di limone e il sale per 30 minuti.

- Sbucciare le cipolle e tagliarle a pezzi fini. Esprimere bene le verdure. Poi scolare l'acqua. Grattugiare finemente il formaggio grigio.

- Aggiungere le uova, il formaggio, le cipolle tritate e la farina di mandorle. Mescolare bene. Scaldare l'olio in una friggitrice ad aria e friggere piccole porzioni del composto di zucchine nella friggitrice ad aria fino a doratura su entrambi i lati.

FRIGGITRICE AD ARIA DI ZUCCHINE E FUNGHI

Ingredienti

- 300 G di funghi

- 1 stk Zucchini (grande)

- 3 EL olio d'oliva

- 1 premio sale e pepe

- 1 colpo di aceto balsamico

- 0,5 Pk erbe italiane (TK)

preparazione

- Lavare le zucchine e i funghi e affettarli.

- Scaldare l'olio in una friggitrice ad aria e friggere le zucchine e i funghi.

- Condire con sale e pepe e deglassare con un po' di aceto. Condire con le erbe.

MELANZANE DI ZUCCHINE SPALMATI CON NOCCIOLE

INGREDIENTI

- 200 G Melanzani

- 100 G di zucchine

- 4 EL di olio d'oliva

- 2 EL succo di limone

- 150 ml di brodo vegetale

- 100 ml di panna montata

- 2 stk spicchi d'aglio

- 20 G nocciole

- 0,5 TL coriandolo

- 0,5 TL sale marino

- 0,5 TL pepe bianco

preparazione

Per prima cosa tagliate a dadini i melanzani e le zucchine e tritate l'aglio; poi arrostite le verdure nell'olio in una friggitrice ad aria antiaderente.

Ora versare il brodo di verdure e poi aggiungere l'aglio e il succo di limone e friggere per circa 15 minuti.

Aggiungere la panna montata, portare a ebollizione e condire con sale e pepe. Infine, ridurre in purea il composto e mescolare con le nocciole tritate per 3-4 ore.

VERDURE DI SPINACI

Ingredienti

- 500 G di spinaci

- 1 stk paprika

- 1 premio sale e pepe

- 1 stk cipolla

- 3 stk spicchi d'aglio

- 2 EL olio d'oliva

- 3 EL concentrato di pomodoro

preparazione

- Pulire e lavare i peperoni e gli spinaci e tagliarli in piccoli pezzi.

- Far sobbollire in una pentola con un po' d'acqua per 10 minuti.

- Nel frattempo sbucciare la cipolla e l'aglio e tritare finemente. Soffriggere in una friggitrice ad aria con olio e mescolare con il concentrato di pomodoro.

- Scolare le verdure cotte e metterle nella friggitrice. Mescolare bene con sale e pepe.

UOVO FRITTO SU INSALATA VERDE

Ingredienti

- 1 insalata kpf

- 1 premio sale

- 1 premio curcuma

- 1 olio di semi di zucca EL

- 1 EL Aceto balsamico

- 4 uova stk

- 1 TL olio di cocco

preparazione

- Per prima cosa dividere l'insalata in pezzi da mordere, lavarla e metterla in un'insalatiera. Scaldare l'olio di cocco in una friggitrice per le uova fritte. Sbattere le uova poco a poco e farle scivolare delicatamente nella friggitrice. Quando l'albume è bianco, le uova fritte sono pronte.

- Condire l'insalata con sale e curcuma, marinare l'olio di semi di zucca e l'aceto balsamico e mescolare bene. Poi servire nei piatti, tagliare accuratamente le uova fritte in 4 pezzi e mettere 2 uova fritte sull'insalata.

FUNGHI SALTATI IN PADELLA

Ingredienti

- 200 G di funghi

- 2 EL di burro

- 1 premio sale e pepe

- 0,5 Federazione prezzemolo

Preparazione

- Lavare il prezzemolo, scolarlo e tritarlo finemente.

- Pulire e affettare i funghi. Saltare in una friggitrice con burro.

- Condire con sale, pepe e prezzemolo.

UOVA STRAPAZZATE CON PROSCIUTTO E FUNGHI

Ingredienti

- 100 G di funghi

- 70 G di prosciutto

- 1 stk cipolla

- 1 TL burro

- 4 uova stk

- 1 premio sale e pepe

preparazione

- Pulire i funghi e affettarli. Sbucciare le cipolle e tagliarle a pezzi fini. Tagliare il prosciutto a strisce.

- Scaldare il burro in una friggitrice ad aria e soffriggere la cipolla. Aggiungere i funghi e il prosciutto e cuocere brevemente.

- Mescolare le uova con sale e pepe e svuotare sulla massa. Mescolare e strappare con una forchetta.

UOVA STRAPAZZATE CON FUNGHI

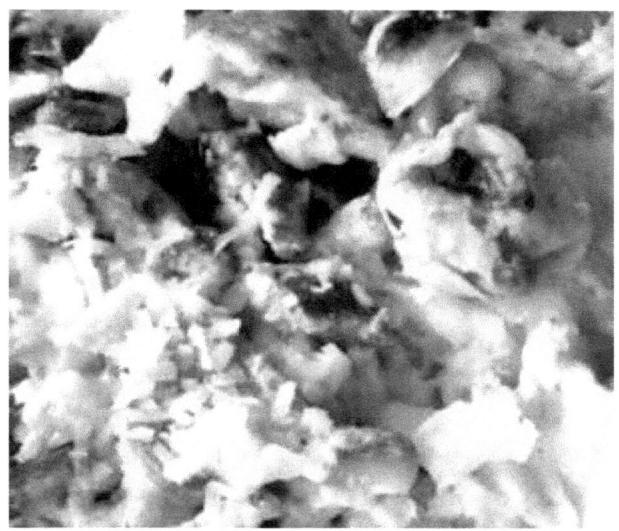

Ingredienti

- 600 G di patate

- 200 G galletto

- 1 porro stg

- 70 G di pancetta (a dadini)

- 1 EL olio

- 6 uova stk

- 1 premio sale e pepe

preparazione

- Sbucciare le patate, tagliarle a cubetti. Pulire i funghi, lavarli, eventualmente tagliarli piccoli. Lavare il porro e tagliarlo ad anelli.

- Friggere la pancetta in una friggitrice ad aria con olio fino a renderla croccante. Rimuovere. Arrostire le patate nel grasso della pancetta per 10 minuti, facendole dorare. Aggiungere i porri e i funghi, cuocere per altri 10 minuti.

- Sbattere le uova, il sale, il pepe e versare nelle verdure. Mescolare a fuoco dolce.

BUE ARROSTO

Ingredienti

- 1 kg di roast beef

- 1 stk Olio (per la lamiera)

- 1 premio sale e pepe

- Ingredienti per la salsa remoulade

- 120 G sottaceti (piccoli)

- 1 EL capperi

- 2 stk Sardellnefilets

- 0,5 erba cipollina della Federazione

- 0,5 prezzemolo della Federazione

- 150 G maionese

- 1 TL senape

- 50 ml di acqua per sottaceti

- 1 premio sale e pepe

preparazione

- Asciugare il pezzo di roast beef, toglierlo dal tendine crudo con il coltello e strofinarlo con sale e pepe.

- Ora rivestite una teglia con olio (o grasso di burro) e mettete il roast beef, con il lato grasso verso l'alto, sul piatto.

- Arrostire la carne in una friggitrice preriscaldata (circa 220 gradi) per 15 minuti. Poi ridurre la temperatura a 200 gradi e friggere per altri 30 minuti - la carne è ancora rosa all'interno.

- Per la salsa remoulade, i cetriolini vengono tagliati a dadini piccoli, i capperi e le acciughe tritati finemente, le erbe sciacquate, l'erba cipollina e il prezzemolo tritati finemente.

- Ora questi ingredienti vengono mescolati bene con la senape, la maionese, l'acqua di cetriolo e conditi di nuovo con sale e pepe.

BISTECCA DI TACCHINO CON VERDURE

Ingredienti

- 4 pezzi di bistecca di tacchino

- 2 EL olio

- 2 stk zucchine

- 1 stk carote

- 1 stk cipolla

- 1 bicchierino di acqua

- 1 premio sale e pepe

- 1 stk paprika

preparazione

- Battere leggermente la carne di tacchino con il batticarne. Condire con sale e pepe da entrambi i lati. Saltare la carne in olio caldo da entrambi i lati.

- Sbucciare le verdure e tagliarle a cubetti di 1 cm. Mescolare le verdure in una ciotola, condire con sale e pepe e lasciare cuocere a fuoco lento.

- Mettere la carne in una casseruola unta, aggiungere le verdure e versare un goccio d'acqua.

- Cuocere per 10 minuti in una friggitrice preriscaldata.

TACCHINO AFFETTATO CON KARFIOLPÜREE

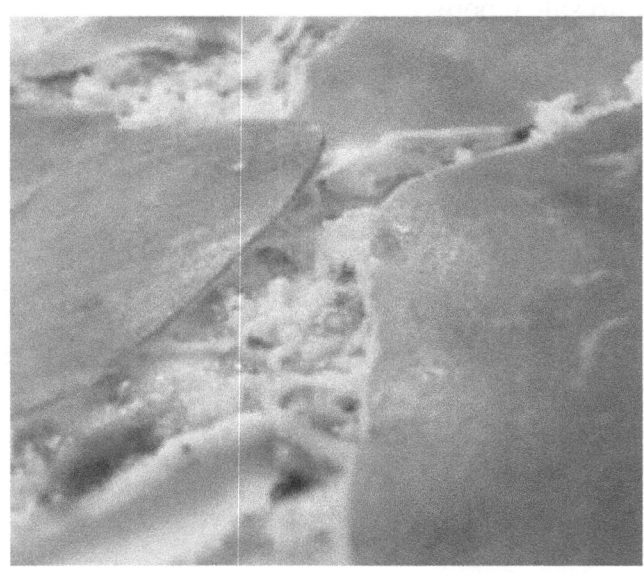

Ingredienti

- 500 G di putenschnitzel

- 1 stk cipolla

- 250 G di funghi

- 250 G di funghi ostrica

- 1 kg di carote (congelate)

- 1 premio sale

- 1 premio pepe

- 1 olio EL

- 250 G panna da cucina (15% di grasso)

- 100 G di formaggio cremoso

- 1 premio noce moscata grattugiata

- 2 EL prezzemolo tritato

preparazione

- Lavare i petti di tacchino, asciugarli e tagliarli a strisce
sottili. Sbucciare la cipolla e tagliarla a cubetti fini. Pulire
i funghi ostrica e gli champignon e tagliarli a metà o in
quarti, a seconda delle loro dimensioni. Dividere la carota
in cimette e cuocere dolcemente in acqua bollente per
circa 6-8 minuti.

- Nel frattempo, potete scaldare dell'olio in una friggitrice
ad aria antiaderente e friggervi le strisce di tacchino su
entrambi i lati, salare e pepare e toglierle. Poi friggete i
funghi nel grasso girando per circa 5 minuti. Dopo circa 3
minuti, aggiungere la cipolla e salare. Ora si può
rimettere la carne e versare la panna, portare il tutto a
ebollizione e cuocere a fuoco lento per circa 5 minuti.

- Scolare la carota e ridurla in purea con la crema di
formaggio con un frullatore a mano. La purea va condita
con sale e noce moscata.

- Infine, condire l'affettato con sale e pepe, cospargere di
prezzemolo tritato e servire con la purea.

ROTOLO DI FRITTATA CON CREMA DI FORMAGGIO E INSALATA

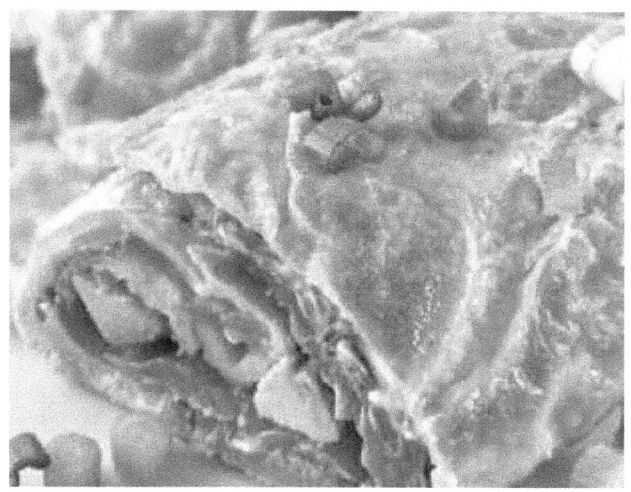

Ingredienti

- 6 uova stk

- 50 G di formaggio cremoso

- 10 stk pomodori ciliegia

- 00:25 stk pepe rosso

- 00:25 stk paprika gialla

- 00:25 stk pepe verde

- 00:25 cetriolo stk

- 0.5 stk cipolla

- 3 rami di prezzemolo

- 1 TL olio d'oliva

- 1 premio sale

- 1 premio di pepe

preparazione

- Le verdure vengono lavate. Dai peperoni si tolgono i torsoli. Poi vengono tagliati in piccoli cubetti. Dimezzare i pomodorini. Sbucciare il cetriolo e tagliarlo a fette sottili. Anche la cipolla viene sbucciata e tagliata finemente a dadini. Ora si mescolano le verdure in una ciotola e si aggiungono le foglie di prezzemolo.

- Quattro delle uova vengono separate e solo gli albumi vengono messi in una ciotola. Le ultime due uova vengono date completamente. Ora arriva un altro colpo di acqua minerale e il tutto viene sbattuto con la frusta.

- Scaldare dell'olio in una friggitrice ad aria antiaderente. Aggiungere il composto di uova nella friggitrice ad aria e condire con sale e pepe. Mescolare l'uovo a fuoco medio fino a quando è solo leggermente liquido in superficie. Poi viene girato.

- Infine, la frittata finita viene spalmata con il formaggio cremoso, le verdure vengono distribuite nel mezzo e la frittata viene arrotolata. Ora può essere servita.

ZUCCHINE MARINATE

Ingredienti

- 250 G di zucchine

- 1 stk cipolla

- 3 EL di olio d'oliva

- 2 EL succo di limone

preparazione

- Lavare le zucchine e tagliarle a penne spesse un dito. Sbucciare la cipolla e tagliarla a dadini. Sia in una friggitrice ad aria con olio caldo a fuoco alto, girando, rosolando.

- Mescolare il succo di limone con olio d'oliva e sale. Drizzle zucchine versato con esso.

FILETTO DI SALMONE CON RISO E PESCE

Ingredienti

- 250 G di filetto di salmone

- 1 bicchierino di olio per la friggitrice ad aria

- 0,5 stk limone, succo

- 1 premio di sale

- 1 premio pepe, fresco

- Ingredienti per il riso

- 200 G di riso Basmati

- 1 premio di sale

- 400 ml di acqua

- 1 olio EL

- Ingredienti per l'impanatura

- 1 uovo stk

- 1 EL farina

- 0,5 Federazione erba cipollina

- Ingredienti per i fagioli

- 250 G di fagiolini

- 1 premio sale

- 0,5 EL burro

preparazione

- Per il filetto di salmone con riso e pesce, soffriggere il riso nell'olio, versare l'acqua, salare, coprire e portare a ebollizione. Poi mettere nella friggitrice preriscaldata a 180° per 20 minuti.

- Mettere il pesce in una friggitrice, coprire con acqua e cuocere per 10 minuti, salare. Poi scolare l'acqua calda. Scaldare il burro in una friggitrice ad aria e friggervi il pesce.

- Lavare il salmone e asciugarlo con carta da cucina, condirlo con sale e pepe. Tagliare l'erba cipollina a rondelle sottili, sbattere l'uovo. Aggiungere l'erba cipollina alla farina e mescolare.

- Spremere il limone e raffinare il salmone. Girare i pezzi di salmone prima nella miscela di erba cipollina e farina, poi tirare attraverso l'uovo sbattuto.

- In una friggitrice ad aria, fate scaldare l'olio e friggete il salmone fino a renderlo croccante per 5 minuti. Porzionare il pesce con il Fisolen e il riso sui piatti e servire.

FILETTO DI SALMONE CON GLASSA AL MIELE

Ingredienti

- 4 filetti di salmone stk

- 3 EL burro

- 1 premio sale e pepe

- 4 EL miele

preparazione

- Salare e pepare prima il filetto di salmone.

- Scaldare il burro in una friggitrice ad aria. Aggiungere i filetti di salmone e friggere su entrambi i lati a fuoco medio. Dopo aver girato, cospargere di miele e girare alla fine di nuovo per circa 15 secondi e friggere sul lato del miele.

UOVA STRAPAZZATE ALLE ERBE

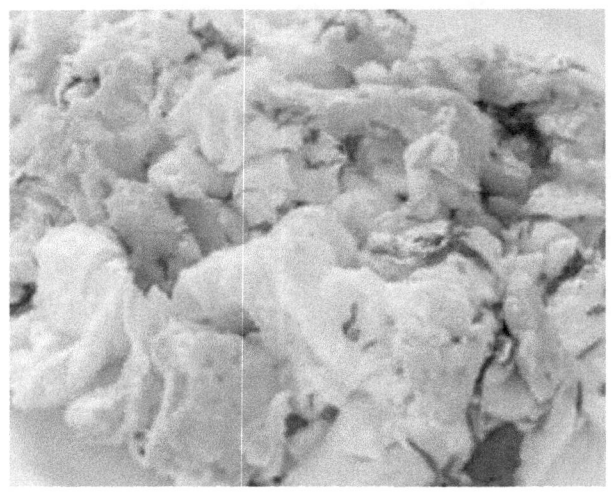

Ingredienti

- 4 uova alla coque

- 120 G di prosciutto

- 2 EL olio d'oliva

- 1 premio sale e pepe

- 0,5 Pk erbe (TK)

preparazione

- Sbattere le uova con le erbe e le spezie.

- Tagliare il prosciutto a strisce sottili e soffriggere
brevemente nella friggitrice ad aria, poi aggiungere la
miscela di uova ed erbe. Lasciare riposare brevemente.

COSCIA DI POLLO SU CUBETTI DI PATATE

Ingredienti

- 4 cosce di pollo stk

- 500 G di patate

- 4 EL di brodo di pollo

- 2 stk spicchi d'aglio

- 00:25 TL sale

- Ingredienti per la miscela di spezie

- 1 premio sale

- 1 EL miscela di spezie (orientale)

- 1 olio di colza EL

preparazione

Per la coscia di pollo su cubetti di patate, lavare le patate, sbucciarle e tagliarle a cubetti.

Poi sbucciare gli spicchi d'aglio, dimezzare e togliere il germoglio interno, poi schiacciare bene.

Mescolare i cubetti di patate con il brodo di pollo, il sale e l'aglio e versare in una friggitrice ad aria.

La miscela di spezie orientali con olio e sale. Lavare le cosce di pollo e asciugarle bene, metterle sui cubetti di patate con il lato inferiore rivolto verso l'alto e spalmarle con metà della miscela di spezie. A 180°C, aggiungere aria calda nella friggitrice per circa 20 minuti.

Poi girare le mazze e ricoprire con l'altra metà della miscela di spezie. Cuocere per altri 20 minuti a 180° calore superiore/inferiore.

COLONNE DI HOKKAIDO

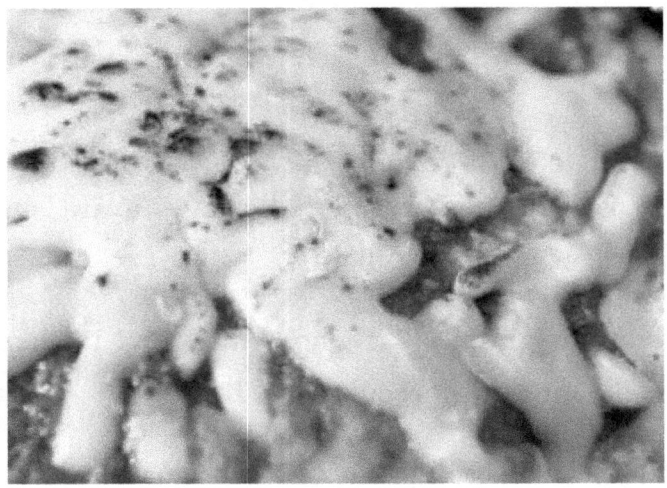

Ingredienti

- 1 pezzo di zucca Hokkaido

- 1 premio di sale

- 1 premio di spezie alla curcuma

- 100 ml di olio d'oliva

- 1 premio di pepe

preparazione

Lavare la zucca, asciugarla e tagliarla a metà. Poi usare un cucchiaio per rimuovere i semi ed eventualmente la carne della zucca leggermente fibrosa. Poi tagliare in colonne.

Disporre le fette su un vassoio rivestito di carta da forno, cospargere di olio d'oliva. Salare, pepare e rifinire con la spezia curcuma.

A 180 gradi per circa 40 minuti, cuocere a fuoco alto e basso. Le fette di zucca non devono essere girate.

PATATINE FRITTE CON PANCETTA GURKTALER

Ingredienti

- 100 G di pancetta stagionata all'aria Gurktaler

- 0,5 EL di condimento per barbecue

preparazione

Per le chips di pancetta Gurktaler tagliate la pancetta in fette molto sottili.

Preriscaldare la friggitrice a 200°C a convezione e stendere una teglia con carta da forno. Mettere la pancetta. Condire con le spezie e mettere la teglia nella friggitrice per circa 10-12 minuti. Friggere croccante!

Poi togliere dalla friggitrice, scolare su carta assorbente il grasso in eccesso e servire.

INVOLTINO RIPIENO DI SALVIA E PANCETTA

Ingredienti

- 8° pezzo di lombo di maiale

- 10 G foglie di salvia

- 8° SchB pancetta

- 1 premio sale

- 1 premio pepe

- 100 ml di olio di girasole

preparazione

Per l'involtino di pancetta ripieno alla salvia, pestare un po' la carne di maiale, salare e pepare.

Lavare le foglie di salvia. Mettere su un panno e asciugare.

Poi mettere le foglie di salvia e la pancetta sulla carne e fare un involtino.

Scaldare l'olio in una friggitrice ad aria e friggere gli involtini.

Poi rimettere il fornello e arrostire gli involtini per altri 20 minuti a fuoco medio.

LUCIOPERCA FRITTA CON AGLIO

Ingredienti

- 4 stk filetti di lucioperca

- 0,5 stk limone, il suo succo

- 2 EL burro

- 2 premio di sale

- 3 stk spicchi d'aglio

- 1 premio pepe

preparazione

Per la frittura di lucioperca con aglio, condire prima il filetto di pesce con sale, pepe e succo di limone.

Tritare l'aglio in pezzi fini e cuocerne una parte in una friggitrice ad aria, nel burro caldo. Friggere i filetti di lucioperca nel burro all'aglio su entrambi i lati.

Aggiungere l'aglio rimanente al pesce poco prima della fine della cottura e lasciare cuocere i filetti per qualche minuto.

ZUCCHINE AL FORNO

Ingredienti per 4 porzioni

- 3 zucchine stk

- 1 premio sale e pepe

- 90 G di farina

- 1 tazza di olio d'oliva

preparazione

- Lavare, pulire e affettare le zucchine.

- Salare e pepare la farina. Scaldare abbondante olio in una friggitrice ad aria.

- Immergere brevemente le fette di verdura in acqua fredda, passarle nella farina e cuocerle da entrambi i lati nell'olio bollente fino a quando non sono completamente croccanti.

- Scolare e servire.

FRIGGITRICE DI VERDURE AL FINOCCHIO CON CURCUMA

Ingredienti

- 1 stk cipolla (rossa)

- 1 stk finocchio

- 0,5 kpf broccoli

- 0,5 kpf cavolfiore

- 2 stk pepe a punta (rosso)

- 50 ml di olio di colza

- 1 EL curcuma

- 1 premio sale

- 1 EL levistico (secco)

- 1 premio pepe

Preparazione

Lavare il finocchio e tagliarlo grossolanamente, lavare i broccoli e la carjella e tagliarli grossolanamente, lavare e tagliare i peperoni, sbucciare la cipolla e tagliarla in piccoli pezzi.

Scaldare l'olio di canola in una friggitrice ad aria e friggere tutte le verdure per 30 minuti.

Salare e pepare, cospargere di curcuma, mescolare e infine cospargere di levistico il piatto finito.

ARROSTO DI MANZO FINE CON FUNGHI

Ingredienti

- 4 arrosti di manzo

- 600 G di porcini

- 2 stk cipolla

- 1 spicchio d'aglio

- 5 EL olio da cucina

- 0,5 TL sale

- 1 premio pepe bianco

Preparazione

Per prima cosa, pulire i funghi e tritarli finemente. Tagliare a dadini la cipolla e tritare finemente l'aglio.

Poi condire la carne con sale e pepe, in una friggitrice ad aria rivestita su entrambi i lati in 2 cucchiai di olio, saltare ogni lato per 2 minuti, girandolo più volte. Poi cuocere su un foglio coperto di alluminio per circa 6 minuti a 180 ° C in una friggitrice preriscaldata. Infine, lasciate riposare il roast beef nella friggitrice per circa 5 minuti.

Nel sugo rimanente, aggiungere un altro cucchiaio di olio, friggere la pancetta e scaldare nella friggitrice.

Poi aggiungere 2 cucchiai di olio nella friggitrice Air e soffriggere la cipolla e l'aglio nel bicchiere. Aggiungere i funghi porcini e arrostirli fino a quando il succo dei porcini stessi è evaporato. Mescolare più spesso.

Mettere i funghi sul piatto, metterci sopra la carne e coprire con la pancetta. Rifinire con la salsa tartare e servire a piacere.

ARROSTO TRITATO CON UOVO

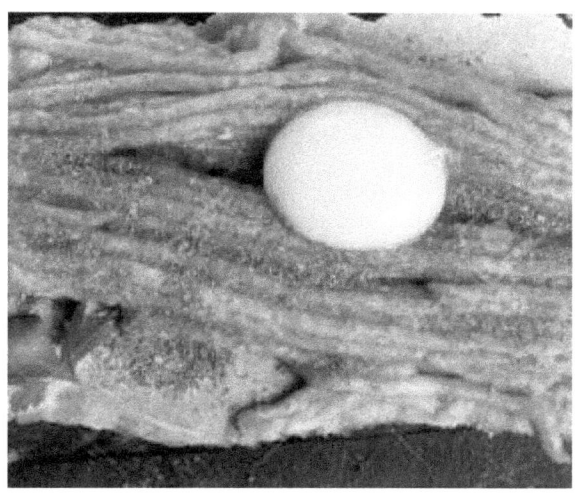

Ingredienti

- 500 G Faschiertes (misto)

- 1 premio sale

- 1 EL erbe (miste, fresche)

- 1 premio pepe

- 200 G di pane grattugiato

- 1 uovo stk

- 2 uova stk (per riempire)

- 1 stk cipolla (media)

- 1 stk aglio

- 100 ml di olio per la friggitrice ad aria

- 1 premio Fiocchi di peperoncino (piccante)

preparazione

Cuocere le uova in acqua salata per circa 10 minuti con acqua bollente. Poi dissetare con acqua fredda e sbucciare.

Mettere i minions in una ciotola. Sbucciare e tritare la cipolla e l'aglio, aggiungere alla carne tritata. Aggiungere sale, pepe, peperoncino, pangrattato, uovo ed erbe. Mescolare bene il composto con un cucchiaio di legno.

Formare il minion su una tavola in un rettangolo. Mettere le uova al centro del rettangolo e avvolgere con il composto.

In una friggitrice ad aria, lasciare che l'olio diventi caldo, friggere la carne macinata con diversi giri. Poi mettere in una forma adatta e oliata (con coperchio) e friggere nella friggitrice per circa 30 minuti, 180°C, aria calda.

CUBETTI DI SALMONE ASIATICO CON BROCCOLI

Ingredienti

- 250 G di filetto di salmone (senza pelle)

- 1 TL di olio di sesamo

- 1 stk spicchio d'aglio (tritato finemente)

- 1 EL di salsa di soia

- 2 EL sake

preparazione

Stufare l'aglio in un po' di olio d'oliva finché non diventa vetroso. Ora aggiungere il salmone e l'olio di sesamo e soffriggere. Poi aggiungere 3 cucchiai d'acqua e il sake e la salsa di soia e far sobbollire.

Dividere i broccoli in piccole cimette e cuocere a fuoco lento in acqua bollente. Poi friggere in una friggitrice ad aria con 1 cucchiaio di burro e mandorle tostate. Finito.

VERDURE DI BASE

Ingredienti

- 250 G di semi di girasole

- 2 stk carote

- 1 gambo di sedano

- 4 stk cipollotto

- 1 stk paprika

- 1 Federazione Erbe

- 0,5 TL sale marino

- 3 EL olio d'oliva

preparazione

Mettere i semi di girasole in acqua il giorno prima.

Lavare carote, sedano, peperoni e cipolle, pulire e tagliare molto piccoli. Lavare le erbe, scolarle e tritarle finemente.

Ora tritare tutto nel frullatore fino a quando tutto è ben mescolato.

Condire con sale marino e poi formare una pagnotta con la mano e friggere su entrambi i lati con un po' di olio d'oliva nella friggitrice ad aria.

RIEMPITO MELANZANI

Ingredienti

- 8 stk Melanzani

- 2 EL olio vegetale

- 4 stk cipolla

- 2 stk aglio a spicchi

- 2 stk peperoncino

- 1 stk zucchina

- 120 G di crema di cocco

- 2 stk basilico tailandese

- 1 Federazione coriandolo

- 4 EL salsa di soia brillante

preparazione

Sbucciare l'aglio e tagliarlo in piccoli pezzi. Sbucciare la cipolla e tagliarla a cubetti. Lavare il peperoncino e tagliarlo in piccoli pezzi con un coltello affilato. Lavare la zucchina e tagliarla in piccoli pezzi. Lavare il basilico, scuoterlo e tritarlo finemente. Scaldare la friggitrice a 180 gradi. Cuocere i melanzani per 10 minuti. Togliere, tagliare a metà e scavare.

Scaldare l'olio in una grande friggitrice. Stufare cipolle, aglio e peperoncino per 3 minuti. Aggiungere le zucchine e la polpa di melanzani. Mescolare la salsa di soia, la crema di cocco e il basilico e cuocere a fuoco lento per 3 minuti.

Aggiungere il composto al Melanzani. Cuocere per altri 5 minuti nella friggitrice.

FILETTO DI SALMONE SU ZUCCHINE

Ingredienti

- 1 peperone da premio

- 2 pezzi di filetto di salmone

- 300 G di zucchine

- 1 premio di sale

- 1 premio pepe

- Ingredienti pesto

- 90 G di basilico

- 2 EL pinoli

- 1 spicchio d'aglio stk

- 40 G di parmigiano (grattugiato)

- 90 ml di olio d'oliva

- 1 premio di sale

preparazione

Per il pesto, mescolare l'olio d'oliva, i pinoli, lo spicchio d'aglio sbucciato e tritato, il parmigiano e il basilico e schiacciare bene con il frullatore a mano. Poi si condisce il tutto con sale e pepe.

I filetti di salmone vengono conditi con sale e pepe e poi fritti in una friggitrice ad aria con un goccio d'olio da entrambi i lati.

Nel frattempo, si tagliano a strisce le zucchine lavate nel senso della lunghezza.

Ora le verdure affettate vengono saltate in una seconda friggitrice ad aria con un po' d'olio e condite con sale.

Infine, le strisce di zucchine vengono servite su un piatto, il filetto di salmone viene messo sopra e il tutto viene coperto con il pesto.

FILETTO DI SALMONE CON ZUCCHINE

Ingredienti

- 4 filetti di salmone stk

- 2 EL olio d'oliva

- 2 premio sale marino

- 2 premio pepe, appena macinato

- 2 EL olio d'oliva

- Ingredienti per il gratin

- 4 uova stk

- 2 stk zucchine

- 200 ml di panna montata

- 140 G di burro

- 100 ml di latte

preparazione

Preriscaldare prima la friggitrice a 180°C a convezione. Separare le zucchine a fette sottili con un affettaverdure, sbattere le uova con la panna montata, sale e pepe.

Ora ungete 4 piccole casseruole con mezzo cucchiaio d'olio e tagliatevi le zucchine, poi spalmatevi sopra la copertura di uova e fate gratinare il tutto per 25-30 minuti.

Scaldare l'olio d'oliva in una friggitrice ad aria antiaderente e friggere il pesce dalla parte della pelle, poi girare. Intero il pesce per 2 o 3 minuti, poi rimane vitreo all'interno. Servire con sale e pepe condito con lenticchie.

PESCE MARINATO NEL WOK

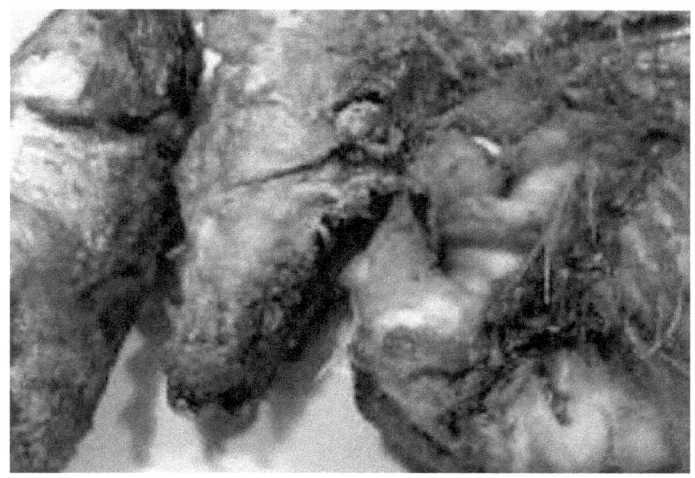

Ingredienti

- 600 G di filetti di pesce

- 1,5 tazza di riso

- 1 bicchiere di spugnole

- 4 EL di olio di sesamo

- 2 EL salsa di soia

- 1 EL miele

- 200 G di gombo

- 100 G Paprika gialla

- 100 G pepe rosso

- 150 G germogli di fagioli

- 3 stk carote

- 2 stk spicchi d'aglio

- 1 stk peperoncino rosso

preparazione

Per prima cosa tagliare il pesce a pezzi e marinarlo con olio, aglio, peperoncino, miele e salsa di soia per circa 1 ora.

Nel frattempo, preparare il riso: misurare l'acqua secondo le istruzioni della confezione e portare a ebollizione. Aggiungere il riso jasmine, spegnere il fuoco e lasciare gonfiare il riso per circa 20 minuti (o secondo le istruzioni sulla confezione). In alternativa, preparate il riso usando un cuociriso.

Ora pelate le carote a fette o tagliate la paprica a strisce, tagliate l'okra a pezzetti.

Fate rosolare il pesce in olio di sesamo nel wok e toglietelo. Arrostire le verdure e aggiungere il pesce. Condire con salsa di soia e servire con il riso.

ZUPPA DI VERDURE

Ingredienti

- 2 EL di olio d'oliva

- 1 stk cipolla

- 3 TL peperoncino in polvere

- 1 stk carota

- 2 gambi di patate

- 300 G di pomodori

- 1 l di zuppa di verdure

- 1 lattina di fagioli Kidney

- 130 G di piselli

- 1 lattina di mais

- 70 G di formaggio creme fraiche

- 1 premio sale

- 1 premio pepe

- 1 colpo Salsa

preparazione

Per prima cosa scaldare l'olio in una friggitrice e soffriggere le cipolle tritate in una salsa vitrea. Poi aggiungere il peperoncino in polvere e mescolare bene.

Poi soffriggere la carota tritata, le patate tagliate a dadini e i pomodori affettati per 2-3 minuti. Deglassare le verdure con la zuppa e cuocere a fuoco medio con coperchio per 20 minuti.

Aggiungere infine il mais, i piselli e i fagioli e cuocere la zuppa per altri 10 minuti. Per addensare la zuppa aggiungere la crème fraîche e condire con sale, pepe e salsa.

ROAST BEEF SALAD

Ingredienti

- 500 G di manzo

- 1 premio di sale

- 1 premio pepe

- 450 G di fusilli

- 2 EL succo di lime

- 2 EL salsa di pesce

- 2 TL miele

- 4 stk cipollotto

- 1 cetriolo stk

- 3 stk pomodoro

- 1 Federazione menta

preparazione

Lavare il cipollotto e tagliarlo in piccoli pezzi. Lavare, sbucciare e tagliare a dadini il cetriolo. Lavare i pomodori e dividerli in quarti in modo uniforme. Lavare la menta, scuoterla e tritarla finemente.

Riscaldare la griglia a 230 gradi. Lavare la carne, tamponare, salare e pepare. Mettere sulla griglia calda e friggere per 3-4 minuti su ogni lato. Lasciare riposare per circa 5 minuti e tagliare a fette molto sottili attraverso la fibra con un coltello molto affilato.

Far bollire una grande pentola d'acqua e cuocere i noodles secondo il produttore. Scolare attraverso un setaccio, tornare nella friggitrice ad aria e mescolare con un po' di olio d'oliva. Fornire una piccola pentola e mescolare il succo di lime, la salsa di pesce e il miele. Far sobbollire a fuoco basso per 2 minuti. Aggiungere le verdure affettate e mescolare bene con la salsa. Aggiungere la carne e mescolare di nuovo. Condire con un po' di sale e pepe.

Disporre la pasta in piatti profondi e distribuirvi il roast beef in modo appetitoso.

SALMERINO CON POLENTA AI FUNGHI

Ingredienti

- 4 filetti di salmerino

- 0,75 l di zuppa di verdure

- 150 G di porcini

- 100 G di grana di mais

- 3 EL di burro

- 2 EL olio

- 4 TL farina

- 0,5 TL sale

- 2 premio pepe

preparazione

Per prima cosa, pulire i funghi porcini e tagliarli a pezzi. Sciogliere il burro e portare a ebollizione con la zuppa, la polenta e i funghi porcini; far gonfiare per qualche minuto a fuoco basso.

Ora togliete la polenta dal fuoco e lasciatela riposare per circa 10 minuti. Condire con sale, pepe, rosmarino e timo.

Nel frattempo, lavare i filetti di pesce, asciugarli e salarli. Spolverare il pesce dalla parte della pelle con la farina e friggere con un po' d'olio in una friggitrice ad aria antiaderente dalla parte della pelle croccante. Ora giratelo e lasciatelo riposare su questo lato senza calore.

SALMONE AL SESAMO CON BROCCOLIASIATICI

Ingredienti

- 4 filetti di salmone con pelle (circa 170 g)

- 1 premio di sale

- 1 EL Wasabi

- 80 G di semi di sesamo

- 2 EL olio

- Ingredienti per i broccoli

- 1 kg di broccoli congelati

- 1 premio di sale

- 2 stk spicchi d'aglio

- 1 gambo di zenzero (dimensione di una noce)

- 2 stk peperoncini rossi

- 1 EL olio

- 3 EL salsa di soia

- 1 spr succo di lime

preparazione

Portate a ebollizione dell'acqua salata in una salsiera e fate bollire i broccoli per 4 o 5 minuti fino a quando sono sodi.

Nel frattempo, si lavano i filetti di salmone e si asciugano con carta assorbente. Poi si salano dal lato della carne e si rivestono di wasabi. Poi mettete i semi di sesamo su un piatto piano e premete il salmone con il lato rivestito. Scaldare dell'olio in una friggitrice ad aria antiaderente e friggere il salmone dal lato della pelle per circa 5 minuti. Poi girare e friggere sul lato del sesamo per circa 2 o 3 minuti.

Nel frattempo, potete scolare i broccoli. L'aglio e lo zenzero vengono sbucciati e tritati finemente. I peperoncini vengono dimezzati nel senso della lunghezza e i noccioli vengono rimossi. I baccelli vengono lavati e tagliati a strisce sottili.

In una pentola di olio riscaldato. L'aglio, lo zenzero e il peperoncino vengono cotti a fuoco lento per circa 2 minuti. Poi si mescolano delicatamente le cimette di broccoli. Con la salsa di soia viene assaggiato e coperto tutto circa 2 minuti stufato. Infine, i broccoli vengono irrorati con succo di lime e serviti con il salmone al sesamo.

ZOODLES CON PAPRIKA E SALSA DI MANDORLE

Ingredienti

- 2 stk cipolle

- 2 etti di aglio a spicchi

- 1 stk peperoncino

- 1 stk di peperone rosso

- 1 stk di peperone giallo

- 2 EL olio d'oliva

- 50 G di burro di mandorle

- 150 ml latte di mandorla

- 2 stk zucchine grandi

- 1 premio sale

- 1 premio di pepe

preparazione

Sbucciare le cipolle e l'aglio e tagliarli in piccoli cubetti, lavare bene i peperoncini e poi tagliarli in piccoli pezzi. Lavare bene anche i peperoni e tagliarli a dadini.

Poi aggiungere 2 cucchiai di olio d'oliva in una friggitrice Air e aggiungere le verdure per circa 5 minuti. per brasare. Nel frattempo, ridurre in purea la pasta di mandorle e il latte di mandorle in un frullatore fino ad ottenere una salsa cremosa.

Tagliare le zucchine a strisce lunghe e sottili con un "pelapatate" o un taglia spirale e aggiungerle alle altre verdure nella friggitrice ad aria e farle cuocere per altri 3 minuti fino a quando non sono sode.

Ora aggiungete un pizzico di sale e pepe e servite gli Zoodles con la salsa di mandorle.

FRIGGITRICE AD ARIA PER RATATOUILLE

Ingredienti

- 1/2 piccoli peperoni gialli, verdi e rossi

- 1 zucchina

- 50 g di funghi

- 1 spicchio d'aglio

- 1 gambo di rosmarino

- 2 gambi di timo

- 1 pomodoro

- 1 cucchiaio di olio d'oliva

- sale

- pepe

- 3 cucchiai di succo di pomodoro

- 1 cucchiaio di olive nere con nocciolo

preparazione

Pulire e lavare i peperoni e tagliarli a pezzi. Lavare, pulire e affettare le zucchine. Pulire i funghi, pulire e tagliare a metà. Sbucciare, dimezzare o tagliare l'aglio. Lavare le erbe, scuotere a secco e spolpare meno. Lavare il pomodoro, grattugiare asciutto e tagliare piccolo.

Scaldare l'olio in una grande friggitrice ad aria antiaderente. Arrostire i peperoni, l'aglio, le fette di zucchina, il rosmarino e i funghi per circa 4 minuti. Condire con sale e pepe. Aggiungere il timo, il succo e il dado di pomodoro e le olive. Friggere per un altro 1 minuto e condire con sale e pepe.

CAVOLFIORE TANDOORI

Ingredienti

- 2 bastoncini di cannella

- 1 cucchiaio di capsule di cardamomo

- 4 cucchiaini di cumino

- 2 cucchiai di semi di coriandolo

- 1 cucchiaio di chiodi di garofano

- 1TL noce moscata grattugiata

- 2 cucchiai di pepe di Caienna

- 2 cucchiai di curcuma macinata

- 2 cucchiai di peperone dolce

- 1 testa di cavolfiore (circa 1 kg)

- 4 spicchi d'aglio

- 1 pezzo di zenzero delle dimensioni di una nocciola

- Succo di 1 limone

- 1-2 cucchiaini di sale

- 600 g di yogurt al latte intero

- 1/2 mazzo di menta

- 3 cucchiai di olio

- Fette di limone per servire

- carta da forno

preparazione

Tagliare i bastoncini di cannella per la miscela di spezie tandoori. Macinare finemente o schiacciare il cardamomo, il cumino, i semi di coriandolo, i chiodi di garofano e la cannella in un mulino per spezie o in un mortaio. Mettere le spezie schiacciate con noce moscata, pepe di cayenna, curcuma e paprika in un barattolo con tappo a vite e scuotere fino a quando tutto è mescolato.

Pulire il cavolfiore, lavarlo e rimuovere le foglie esterne. Sbucciare l'aglio e lo zenzero e tagliarli a pezzi. Grattugiare finemente o schiacciare lo zenzero e l'aglio. Mescolare in una ciotola con 1 EL di miscela di spezie Tandoori, succo di limone e 1 cucchiaino di sale. Aggiungere 150 g di yogurt. Coprire il cavolfiore in una ciotola con la marinata tutt'intorno, coprire e lasciare marinare per circa 1 ora e mezza.

Mettere il cavolfiore su una teglia rivestita di carta da forno. Cuocere in forno preriscaldato (forno elettrico: 200°C / aria circolante: 175°C / gas: vedi produttore) per circa 45 minuti. Poi ridurre la temperatura del forno (forno elettrico: 175 ° C / aria circolante: 150 ° C / gas: vedi produttore) e cuocere per circa 30 minuti, alla fine fare un assaggio gar con un piccolo coltello a punta.

Nel frattempo, lavare la menta, scuoterla e asciugarla, staccare le foglie e tritarle. Mescolare 3/4 della menta, olio e altro yogurt, condire a piacere con un po' di sale e pepe. Togliere il cavolfiore, disporlo su un piatto, cospargere con la menta rimasta e servire con spicchi di limone. La miscela di spezie rimanente si conserva chiusa in un luogo buio per circa 6 mesi.

CASSERUOLA DI YOGURT ALLE MELANZANE CON POLPETTE DI CARNE

Ingredienti

- 600 g di melanzane

- 800 g di pomodori

- sale

- 10 gambi di timo

- 2 spicchi d'aglio

- 250 g di yogurt scremato

- 4 uova

- 1 cipolla piccola

- 250 g di carne d'agnello tritata

- 3 gambi di menta

- 1 cucchiaio di Harissa

- 1 cucchiaio di senape

- Olio per lo stampo

preparazione

Lavare le melanzane e i pomodori, pulirli e affettarli.
Salare leggermente le fette di melanzana. Lavare il timo,
scuoterlo e togliere le foglie dai gambi. Sbucciare 1
spicchio d'aglio e tritarlo finemente. Frullare lo yogurt, le
uova e il timo, eccetto per la spolverata.

Asciugare le melanzane. Strati di melanzane e fette di
pomodoro alternativamente in una forma da forno oliata.
Coprire con latte all'uovo. Nel forno preriscaldato
(fornello elettrico: 200 ° C / aria circolante: 175 ° C / gas:
vedi produttore) cuocere per circa 50 minuti.

Sbucciare la cipolla e l'aglio rimanente e tagliare
finemente a dadini. Lavare la menta, scuotere asciutto,
piegare le foglie dai gambi e tritare finemente. Impastare
il hack, la menta, i cubetti di cipolla e aglio, l'harissa e la
senape fino ad ottenere un impasto omogeneo. Salare.

Formare 20 piccole polpette e distribuirle dopo circa 20 minuti sulla casseruola.

Togliere la casseruola preparata dal forno, lasciare riposare coperto per circa 10 minuti, tagliare in porzioni, disporre e cospargere di timo.

FRITTATA DI CARCIOFI

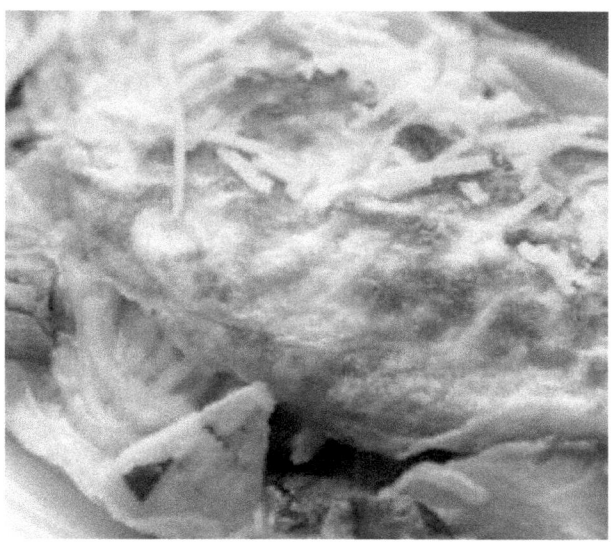

Ingredienti

- 2 scalogni

- 1 lattina di fondi di carciofo

- 20 g di burro

- 4 gambi di dragoncello

- 50 g di parmigiano

- 8 uova

- sale

- pepe

preparazione

Sbucciare gli scalogni e tagliarli a dadini. Scolare i fondi di carciofo e tagliarli a strisce. Scaldare il grasso in una friggitrice da forno. Brasare i carciofi in esso per circa 6-7 minuti. Friggere gli scalogni per gli ultimi 2-3 minuti, mescolando più volte.

Lavare il dragoncello, scuotere e staccare le foglie. Piantare il parmigiano. Sbattere le uova in una ciotola. Condire con sale e pepe e mescolare con le foglie di dragoncello.

Mettere la massa di uova nella friggitrice ad aria e coprire a fuoco alto e riscaldare per 1-2 minuti. Cospargere le scaglie di parmigiano sulla frittata e cuocere per 15-20 minuti in un forno preriscaldato (fornello elettrico: 175 ° C / aria circolante: 150 ° C / gas: vedi produttore). Servire caldo o freddo con un'insalata verde.

POLLO AL MIELE CON FINOCCHIO E FUNGHI

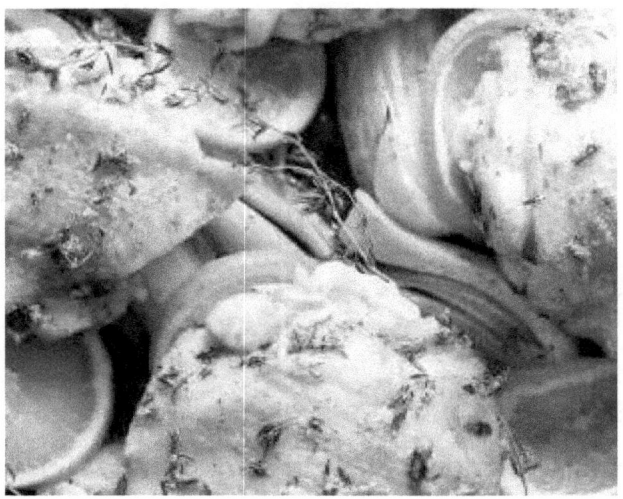

Ingredienti

- 2 tuberi di finocchio

- 500 g di funghi

- 4 gambi di timo

- 1 cucchiaio di succo di limone

- 1-2 cucchiaini di miele liquido

- sale

- pepe

- 4 filetti di pollo (à ca. 175 g)

- 6 cucchiai di olio

preparazione

Lavare il finocchio, pulirlo, mettere il verde da parte.
Tagliare i tuberi a metà. Tagliare il gambo in modo che le
foglie rimangano unite. Tagliare le metà a fette sottili.
Pulire i funghi, mondarli e dimezzarli o dividerli in quarti
a seconda della grandezza. Lavare il timo, scuoterlo e
tritarlo finemente. Mescolare il succo di limone, 1 litro
d'acqua, il miele e il timo, condire con sale e pepe. Lavare
il pollo, asciugarlo e spennellarlo con la marinata di miele
e timo.

Scaldare 2 cucchiai di olio in una friggitrice ad aria.
Friggere i filetti di pollo a fuoco medio capovolgendoli per
10-12 minuti. In un'altra friggitrice ad aria, scaldare 4
cucchiai di olio. Friggere i funghi in una friggitrice ad aria
per circa 5 minuti. Aggiungere le fette di finocchio ai
funghi e friggere per circa 5 minuti. Condire con sale e
pepe. Disporre i filetti di pollo e le verdure sui piatti e
guarnire con i finocchi.

VERDURE GIOVANI BRASATE CON PROSCIUTTO SALTATO

Ingredienti

- 4 carote giovani

- 8 cipollotti

- 4 rape piccole

- 30 g di burro

- 150 g di piselli (giovani)

- 2 cucchiaini di zucchero di canna

- 150 ml di brodo vegetale

- 3 fette spesse di prosciutto cotto

- sale

- pepe appena macinato

preparazione

Pulire le carote e le rape e tagliarle a pezzi. Pulire le cipolle e togliere il gambo, fino a 2 cm.

Sciogliere 20 g di burro in una casseruola (spumosa). Aggiungere le verdure (compresi i piselli) e lo zucchero e soffriggere per 8-10 minuti mescolando. Aggiungere il brodo e cuocere a fuoco lento. (Il brodo deve essere evaporato e le verdure morbide)

Tagliare il prosciutto a strisce e soffriggere con il burro rimanente in una friggitrice ad aria per circa 5 minuti da ogni lato. Condire con il pepe e mettere da parte.

Dopo circa 20 minuti, togliere il coperchio dalla casseruola e lasciare ridurre per circa 5 minuti.

Se necessario, riscaldare nuovamente il prosciutto poco prima di servire e aggiungerlo alle verdure.

COTOLETTA DI TACCHINO ALLA PAPRIKA CON MANGETOUTS

Ingredienti

- 500 g di cotoletta di tacchino

- 150 g di piselli mangetout

- 4 cipollotti

- 200 g di piselli surgelati

- Sale, 6 gambi di prezzemolo

- 1 cucchiaio di olio

- 1 cucchiaio di paprika dolce in polvere

- 200 g di panna

- 1-2 cucchiaini di senape

- sale

- pepe

preparazione

Tagliare la cotoletta a strisce. Lavare il mangetout. Lavare i cipollotti, pulirli e tagliarli a fette oblique. Sbollentare i piselli e il mangetout per circa 3 minuti in acqua bollente salata. Scolare e raffreddare brevemente sotto l'acqua fredda. Lavare il prezzemolo, scuoterlo e tagliare le foglie in piccoli pezzi.

Scaldare l'olio in una friggitrice ad aria. Arrostire le strisce di tacchino per circa 3 minuti fino a doratura. Togliere la carne e aggiungere le verdure alla friggitrice ad aria. Saltare le verdure per 1-2 minuti, poi spolverare con la paprika in polvere e cuocere brevemente. Aggiungere la panna e la senape e cuocere a fuoco lento per circa 2 minuti. Aggiungere la carne e il prezzemolo. Far bollire e condire con sale, pepe e paprika. Il riso ha un ottimo sapore.

POLPETTONE DI PIZZA

Ingredienti

- 100 g di pomodori secchi

- 2 cipolle

- 4 spicchi d'aglio

- 1 kg di carne macinata mista

- 1 cucchiaio di prezzemolo e timo secchi ciascuno

- 2 cucchiai di senape calda media

- sale

- pepe

- 150 g di yogurt al latte intero

- 1 uovo

- 250 g di mozzarella

- 2 cucchiai di olio

- 1 cucchiaino di zucchero

- 2 cucchiai di concentrato di pomodoro

- Paprika dolce

- 1 scatola (850 ml) di pomodori

- 1 mazzo di rucola

- 10 fette di prosciutto di Parma

- Pellicola trasparente, carta da forno

preparazione

Tritare i pomodori. Sbucciare le cipolle e l'aglio e tagliare finemente a dadini. Mettere il prosciutto, metà delle cipolle e dell'aglio, i pomodori, le erbe, la senape, 1 1/2 cucchiaino di sale, 1 1/2 cucchiaino di pepe, lo yogurt e l'uovo in una terrina. Impastare bene con i ganci dell'impastatrice a mano.

Scolare la mozzarella e tagliarla a dadini. Mettere il trito su un pezzo di pellicola e premere con le mani su un tagliere (circa 24 x 24 cm). Distribuire la mozzarella lungo il centro. Lasciare circa 2 cm al bordo.

Arrotolare il trito con l'aiuto della pellicola. Dare di nuovo la forma di una pagnotta con le mani. Incidere più volte la superficie con un coltello. Mettere su una teglia foderata con carta da forno e cuocere nel forno preriscaldato (fornello elettrico: 175 ° C / aria circolante: 150 ° C / gas: vedi produttore) per circa 1 ora.

Nel frattempo, riscaldare la salsa per il sugo in una salsaAir Fryer , soffriggere le cipolle e l'aglio rimanenti. Cospargere di zucchero, aggiungere il concentrato di pomodoro, soffriggere brevemente. Condire con sale, pepe e paprika. Deglassare con i pomodori. Far bollire e cuocere a fuoco lento per circa 10 minuti. Condire di nuovo con sale, pepe e paprika. Tenere in caldo.

Pulire i rouges, lavarli e scolarli bene. Cuocere il prosciutto in una friggitrice ad aria senza lasciare alcun grasso, rimuovere. Togliere la carne dal forno. Servire con il prosciutto di Parma e la rucola su un piatto. Aggiungere la salsa.

TORTE CON FRIGGITRICE AD ARIA KETO

Ingredienti

- 1 uovo

- 65 ml di latte magro

- 45 g di crusca d'avena

- sale

- zucchero

- 1/2 cucchiaino di olio

preparazione

Sbattere l'uovo e il latte. Aggiungere la crusca d'avena. Condire con un pizzico di sale e un pizzico di zucchero. Lasciare riposare per 10 minuti circa.

Una friggitrice ad aria rivestita (circa 18 cm Ø) con olio. Mescolare di nuovo l'impasto. Aggiungere metà dell'impasto alla friggitrice ad aria. Cuocere le torte Air Fryer a fuoco medio, girare dopo circa 2 minuti e cuocere per altri 2 minuti. Togliere e cuocere anche un'altra torta Air Fryer.

COTOLETTA DI POLLO CON SALSA DI FICHI E PASTA INTEGRALE

Ingredienti

- 1 piccolo scalogno

- 1/2 fico

- 8 olive nere senza nocciolo

- 1 cucchiaio di olio

- 1 cucchiaino di aceto di vino bianco

- sale

- pepe

- 1 filetto di pollo (circa 150 g)

- 20 g di pasta integrale

- 2 gambi di basilico

- 50 g di salsa di pomodoro

preparazione

Sbucciare lo scalogno e tagliarlo finemente. Lavare il fico e tagliarlo a dadini. Affettare le olive. Scaldare 1/2 cucchiaio d'olio in una piccola friggitrice ad aria. Aggiungere lo scalogno e soffriggere fino a quando non diventa vetroso. Deglassare con l'aceto. Togliere la pentola dal fuoco. Aggiungere i cubetti di fico e le olive. Condire con sale e pepe.

Lavare la carne e asciugarla. Condire con sale e pepe. Scaldare 1 cucchiaino di olio in una friggitrice ad aria antiaderente. Friggere la carne per circa 10 minuti girando a fuoco medio.

Nel frattempo, preparare i noodles in acqua bollente salata secondo le istruzioni sulla confezione. Lavare il basilico, scuotere asciutto. Foglie, tranne alcuni per guarnire, tritare finemente. Scaldare la salsa di pomodoro, aggiungere il basilico tritato. Condire con sale e pepe. Servire il filetto di pollo con la salsa, la pasta e la salsa su un piatto. Guarnire con il basilico.

TACCHINO AL DRAGONCELLO CON MANGETOUT E RISO SELVATICO

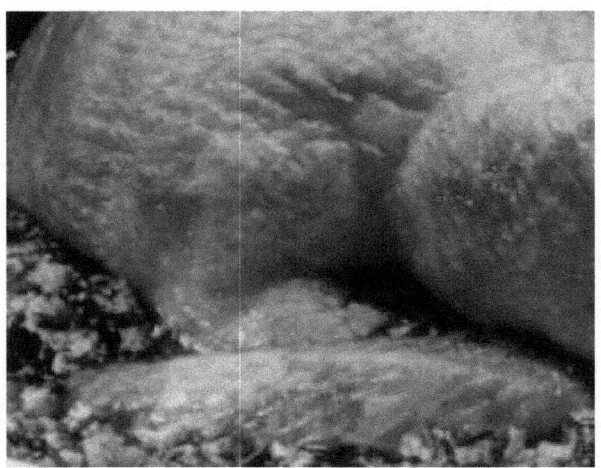

Ingredienti

- 20 g di miscela di riso selvatico

- sale

- 40 g di piselli da zucchero

- 1 cotoletta di tacchino (circa 150 g)

- 1 piccolo spicchio d'aglio

- 4 gambi di dragoncello

- 1 cucchiaio di succo di limone

- pepe

- 1 cucchiaio di olio

- bacche rosa per guarnire

preparazione

Preparare il riso in acqua bollente salata secondo le istruzioni della confezione. Lavare e pulire il mangetout. Lavare la carne e asciugarla. Sbucciare l'aglio e tritarlo finemente. Lavare il dragoncello, scuoterlo e tritarlo finemente. Mescolare l'aglio e il dragoncello con il succo di limone. Condire con sale e pepe.

Girare la carne nella marinata. Scaldare l'olio in una piccola friggitrice ad aria. Friggere la carne da ogni lato per circa 2 minuti a fuoco medio, tenere in caldo. Girare il mangetout nel grasso. Deglassare con 75 ml di acqua. Far sobbollire per 5 minuti circa, condire con sale e pepe.

Scolare il riso. Disporre le scaloppine di tacchino con il mangetout e il riso su un piatto e guarnire con il pepe rosa.

SCHLEMMERLENDCHEN ' KETO

Ingredienti

- 2 barre di porro

- 200 g di funghi

- 200 ml di brodo vegetale

- 1 misurino di amido di mais EL

- 1 cucchiaino di maggiorana secca

- 150 g di panna da cucina

- sale

- pepe

- 600 g di filetto di maiale

- 2 cucchiai di olio

preparazione

Pulire il porro, tagliarlo ad anelli, lavarlo bene e scolarlo.
Pulire i funghi, pulire e tagliare a metà. Mescolare brodo,
amido, maggiorana e panna, condire con sale e pepe.

Lavare la carne, asciugarla e tagliarla a medaglioni.
Scaldare 1 cucchiaio di olio in una friggitrice ad aria.
Arrostire la carne per 5-6 minuti, condire con sale e pepe,
togliere. Aggiungere 1 cucchiaio d'olio al grasso caldo,
soffriggervi i porri e i funghi per 4-5 minuti, deglassare
con la miscela di panna, portare a ebollizione e cuocere a
fuoco lento per 2-3 minuti.

Mettere il composto di porri in una casseruola,
aggiungere la carne. Grattugiare il formaggio, versare
sopra e cuocere nel forno preriscaldato (fornello: 200 ° C
/ aria circolante: 175 ° C / gas: fase 3) per circa 10 minuti.

INSALATA DI CETRIOLI CON SEMI DI MELOGRANO, RICOTTA E RADICCHIO

Ingredienti

- 1 cetriolo

- sale

- pepe

- 1/2 cespo di radicchio

- 2-3 pezzi di cipollotti

- 4 fichi

- 1/2 melograno

- 4 cucchiai di aceto di sidro di mele

- 1-2 cucchiaini di miele

- 4-5 cucchiai di olio d'oliva

- 200 g di ricotta

preparazione

Lavare il cetriolo, pulirlo e sbucciare delle strisce spesse dal guscio. Affettare il cetriolo, condire con sale e pepe, mescolare e lasciare riposare per circa 10 minuti.

Lavare il radicchio, pulirlo e tagliarlo a strisce. Pulire e lavare i cipollotti e tagliarli diagonalmente in anelli sottili. Pulire, lavare e tagliare i fichi. Togliere i semi di melograno dalla buccia. Mescolare l'aceto e il miele, aggiungere l'olio.

Mescolare il cetriolo, la lattuga, i cipollotti, i semi di melograno, i fichi e la vinaigrette e condire l'insalata con pepe, miele ed eventualmente un po' di sale. Disporre l'insalata. Distribuire la ricotta.

TACCHINO AFFETTATO CON VERDURE PRIMAVERILI

Ingredienti

- 1 cipolla

- 600 g di cotoletta di tacchino

- 500 g di asparagi verdi

- 150 g di piselli mangetout

- 150 g di pomodori ciliegia

- 1 limone non trattato

- 2-3 cucchiai di olio

- sale

- pepe

- 25 g di farina

- 600 ml di brodo di pollo

- 200 g di riso basmati

preparazione

Sbucciare la cipolla e tritarla finemente. Lavare la carne, asciugarla e tagliarla a strisce. Lavare gli asparagi, tagliare le estremità legnose. Tagliare gli asparagi a pezzi. Pulire e lavare il mangetout. Pulire e lavare i pomodori. Lavare bene il limone, strofinare finemente la buccia. Dimezzare il limone, spremere 1 metà.

Scaldare l'olio in una grande friggitrice ad aria e friggere vigorosamente la carne girando. Aggiungere la cipolla e soffriggere brevemente. Condire con sale e pepe. Aggiungere i pomodori, soffriggere brevemente. Aggiungere la scorza di limone. Spolverare con la farina, soffriggere e deglassare mescolando accuratamente con il brodo di pollo. Far bollire e condire con sale, pepe e 2-3 cucchiai di succo di limone.

Nel frattempo, preparare il riso in acqua bollente salata secondo le istruzioni della confezione. Mettere gli asparagi in acqua bollente salata e cuocere per 3-4 minuti. Aggiungere il mangetout e cuocere per un altro 1 minuto. Versare in un setaccio e scolare bene.

Aggiungere le verdure alla carne affettata, riscaldare, condire di nuovo con sale e pepe. Disporre in una friggitrice ad aria cosparsa di pepe. Servire il riso in una ciotola.

CURRY DI POLLO

Ingredienti

- 400 g di carote

- 1 mazzo di cipollotti

- 500 g di carne di pollo

- 2 cucchiai di olio

- 1 cucchiaino di farina

- 1-2 cucchiaini di curry in polvere

- 2 cucchiaini di Garam Masala

- 1 lattina di latte di cocco

- 300 ml di latte

- sale

- fiocchi di peperoncino

preparazione

Pelare e lavare le carote, dividerle a metà nel senso della lunghezza e tagliarle a strisce. Lavare il cipollotto, pulirlo e tagliarlo a strisce. Lavare i filetti di pollo, asciugarli e tagliarli a cubetti.

Scaldare 1 cucchiaio di olio in una friggitrice ad aria. Arrostire le carote in 2-3 minuti girando, togliere.

Aggiungere 1 cucchiaio d'olio alla friggitrice ad aria, riscaldare. Saltare la carne in una salsa giallo oro per circa 3 minuti. Spolverare e sudare la farina, il curry e il garam masala sopra. Deglassare con latte di cocco e latte, portare a ebollizione e salare. Aggiungere le carote e cuocere a fuoco lento per circa 5 minuti. Infine, aggiungere i cipollotti nella salsa. Disporre in ciotole e cospargere con fiocchi di peperoncino.

FILETTI DI POLLO CON RIPIENO DI SPINACI E DATTERI

Ingredienti

- 800 g di barbabietole rosse

- 2 rametti di rosmarino

- 3 cucchiai di olio d'oliva

- sale

- pepe

- 500 g di spinaci

- 50 datteri secchi

- 1 cipolla

- Cumino

- 4 filetti di pollo (circa 150 g ciascuno)

- 200 g di pomodori ciliegia

- Olio per la teglia

preparazione

Pulire la barbabietola, sbucciarla e tagliarla a fette.
Lavare il rosmarino, scuoterlo, spazzolare gli aghi dai
rami e tritarlo. Mescolare la barbabietola con 2 cucchiai
di olio e condire con sale, pepe e rosmarino.

Pulire gli spinaci, lavarli e scuoterli per asciugarli. Tritare
finemente i datteri. Sbucciare la cipolla e tagliarla a
dadini. Scaldare 1 cucchiaio d'olio in una friggitrice e
soffriggere i cubetti di cipolla e i datteri per circa 4
minuti. Aggiungere gli spinaci e farli crollare in una
pentola chiusa. Condire con sale e cumino.

Lavare la carne, asciugarla e tagliare orizzontalmente un
sacchetto. Condire con sale e pepe e riempire con gli
spinaci. Distribuire i tortini di carne e barbabietola su
una teglia da forno ricoperta d'olio. Cuocere in forno
preriscaldato (forno elettrico: 200 ° C / aria circolante:
175 ° C / gas: vedi produttore) per circa 30 minuti.

Nel frattempo, lavare e dimezzare i pomodori. Distribuire sulla teglia circa 10 minuti prima della fine del tempo di cottura. Servire la carne e le verdure nei piatti.

TACOS DI CAVOLFIORE KETO

- 1 testa di cavolfiore

- 1 uovo

- sale

- pepe

- paprica

- 200 g di Emmentaler grattugiato

- 4 cucchiai di olio d'oliva

- 1 cipolla

- 1 spicchio d'aglio

- 400 g di carne di manzo macinata

- 8 pomodori

- 1 avocado

- 200 g di crème fraîche alle erbe

preparazione

Pulire e lavare il cavolfiore. Tagliare le cimette dal gambo e arrotolare il gambo grossolanamente. Aggiungere la metà delle cimette e dei cubetti insieme all'uovo e al formaggio nel frullatore, condire con sale e paprika e mescolare fino ad ottenere una massa omogenea.

Stendere due teglie con carta da forno e mettere circa 3 cucchiai di cavolfiore per ogni taco sulla carta da forno e formare un cerchio. Mescolare le cimette di cavolfiore rimanenti in una ciotola con metà dell'olio, sale e pepe e aggiungere le cimette ai tacos sul piatto. I vassoi nel forno caldo (fornello elettrico: 200 ° C / aria circolante: 175 ° C / gas: vedi produttore) cuocere per 15-20 minuti fino a doratura. (A seconda delle dimensioni dei tacos, questo processo deve essere ripetuto)

Sbucciare la cipolla e l'aglio e tritare finemente. Scaldare l'olio rimanente in una friggitrice ad aria e friggere le cipolle e l'aglio con il manico. Condire con sale e pepe.

Lavare e tagliare a dadini i pomodori. Dimezzare l'avocado, rimuovere il nocciolo, togliere la polpa dalla buccia e tagliare a strisce.

Coprire i tacos finiti con hack, pomodoro, avocado e cavolfiore e guarnire con una cucchiaiata di crème fraîche.

INSALATA DI QUINOA CON TONNO

ingredienti

- 40 grammi di quinoa

- 1 lattina di filetti di tonno nature, in scatola

- 8 pomodori ciliegia

- 10 g di insalata romana

- 20 g di rucola

- 20 g di cipolle

- 1 lime appena spremuto

- 30 g di melograno

- 5 g di germogli di erba medica (alfalfa)

- 1 pizzico di sale marino (Fleur de sel)

- 1 pizzico di pepe nero

preparazione

Sciacquare la quinoa in un colino fine sotto l'acqua corrente. - Cuocere la quinoa fino a quando è tenera, poi scolarla e scolarla. - Condire con succo di lime fresco, sale e pepe.

Sciacquare il tonno - Sciacquare le verdure, l'insalata e la rucola, asciugare l'insalata e la rucola in una centrifuga per insalata - Sbucciare la cipolla, tagliarne un quarto ad anelli sottili - Sciacquare il riso in un colino e asciugarlo in una crespella da cucina.

Versare la quinoa in un bicchiere da cucina, poi aggiungere un po' di lattuga e i pomodori sopra - Ora aggiungere il tonno e le cipolle - Aggiungere la rucola e i germogli e i semi di melograno come guarnizione.

SALMONE IN SALSA CREMOSA CON PISELLI e LIMONE

ingredienti

- 500 g di filetto di salmone, senza pelle

- 150 g di piselli verdi crudi

- 200 ml di panna montata 30

- 2 piccoli scalogni / n

- 1 punta d'aglio

- 20 g di parmigiano

- 40 g di burro

- 1 limone / n medio

- 1 pizzico di noce moscata

- 1 pizzico di pepe bianco

- 1 pizzico di sale marino

preparazione

Lavare il salmone e asciugarlo, poi tagliarlo a pezzetti. - Sbucciare lo scalogno e tagliarlo finemente. - Sbucciare l'aglio e tritarlo finemente.

Scaldare il burro nella friggitrice ad aria, aggiungere lo scalogno e l'aglio e friggervi i pezzi di salmone. - Aggiungere la panna e mescolare. - Aggiungere i piselli e cuocere brevemente a fuoco medio.

Nel frattempo, lavare il limone caldo, asciugare e strofinare la ciotola con la grattugia. - Dimezzare il limone e spremere il succo.

Aggiungere il parmigiano grattugiato, la buccia di limone e un po' di noce moscata nella friggitrice ad aria e mescolare. - Condire con succo di limone, sale e pepe.

ORATA FRITTA CON SALZA DI MANGO FRESCO

ingredienti

- 4 orate piccole, filetto

- 100 g di mango crudo

- 100 g cetriolo con guscio, crudo

- 100 g paprika rossa fresca

- 50 g di spinaci, crudi

- 30 g di parmigiano, grattugiato

- 1 pizzico di sale marino (Fleur de sel)

- 1 pizzico di pepe nero

- 1 g di limone / n

- 1 cucchiaio di olio d'oliva

preparazione

Lavare l'orata e asciugarla - Sbucciare il mango e tagliare la polpa in piccole fette - Lavare il cetriolo e tagliarlo in piccoli pezzi - Togliere ai peperoni i semi e le partizioni e tagliarli in piccoli cubetti.

Lavare gli spinaci e asciugarli nella centrifuga per insalata - Eliminare i gambi troppo lunghi dagli spinaci - Lavare e asciugare il limone a caldo, poi fare la scorza di limone con la grattugia - Dimezzare il limone e spremere il succo.

Mescolare il mango, il cetriolo, la paprika e un po' di succo di limone in una ciotola e condire con sale e pepe. - Mettere le foglie di spinaci su due piatti.

Scaldare l'olio d'oliva nella friggitrice ad aria e arrostire i filetti da entrambi i lati. - Condire i filetti con sale e pepe e cospargere di parmigiano grattugiato fresco. - Aggiungere i filetti di pesce agli spinaci e servire insieme alla salsa di mango.

FILETTO DI SALMONE CON CROSTA DI MANDORLE E PUREA DI PISELLI E PASTINACA

ingredienti

- Per i filetti di salmone

- 2 filetti di salmone, 200 g ciascuno

- 50 g di scaglie di mandorle

- 2 gambi di aneto

- 1 limone biologico

- 1 cucchiaio di olio d'oliva

- Per la purea

- 300 g di pastinaca

- 60 g di piselli, congelati, scongelati

- 50 g di patate

- 50 g di latte

- 50 g di panna montata

- noce moscata

- e anche

- sale marino

- pepe

preparazione

Lavare i filetti di salmone e asciugarli - Scaldare l'olio nell'Air Fryer e friggere i filetti da entrambi i lati - Lavare l'aneto e scuoterlo, poi tritarlo - I filetti in un piatto resistente al fuoco e irrorarli con il succo di limone.

Aggiungere le mandorle e l'aneto all'Air Fryer vuoto e mescolare con il resto dell'olio - Versare il composto sui filetti di salmone e condire con sale e pepe. - Cuocere i filetti in un forno preriscaldato a 140 - 160°C per circa 20 minuti.

Sbucciare le pastinache e le patate e tagliarle a piccoli cubetti. - Coprire le verdure con acqua salata per 10 - 15 minuti, aggiungere i piselli poco prima della fine della cottura. - Scolare e far evaporare le verdure nella friggitrice ad aria.

Aggiungere il latte e la panna montata alle verdure e farne una purea con uno schiacciapatate - Condire la purea di piselli e pastinaca con noce moscata fresca grattugiata e sale e metterla su due piatti.

Togliere i filetti di salmone in crosta di mandorle dal forno e aggiungerli alla purea di piselli e pastinaca - Servire con navi di limone e verdure fresche a piacere.

FRIGGITRICE AD ARIA ASIATICA CON GAMBERI E VERDURE

ingredienti

- 250 g di gamberi, senza testa e intestino

- 400 ml di fondente vegetale

- 100 g di funghi

- 40 g di spaghetti di riso

- 2 cipollotti

- 1 pomodoro

- 1 lime

- 2 spicchi d'aglio

- ½ peperoncino rosso

- ½ peperoncino verde

- 1 cucchiaio di salsa di pesce

- 1 cucchiaio di salsa di soia biologica

- 1 cucchiaio di olio di sesamo

- 200 ml di acqua calda

- sale marino

- pepe

preparazione

Lavare i gamberi e scolarli - Pulire e affettare i funghi -
Pulire i cipollotti e tagliarli ad anelli ad angolo - Lavare i
pomodori e tagliarli a cubetti - Sbucciare l'aglio e tagliarlo
a fettine sottili - Tagliare i peperoncini ad anelli sottili.

Scaldare le verdure in una friggitrice ad aria, togliere il
calore dalla friggitrice ad aria e lasciarvi cuocere i noodles
di riso. - Scaldare l'olio di sesamo in una friggitrice ad
aria e friggere i gamberi con l'aglio. - Aggiungere i funghi,
i peperoncini e il pomodoro e soffriggere.

Dimezzare il lime e spremere il succo. - Mescolare 200 ml di acqua calda con salsa di pesce, salsa di soia e un po' di succo di lime e aggiungere alla friggitrice ad aria. - Aggiungere i cipollotti e condire con sale e pepe. - Infine, aggiungere i noodles di riso all'Air Fryer e mescolare bene.

Se necessario, aggiungere altre verdure al brodo e infine condire di nuovo con sale, pepe e succo di lime. - Mettere l'asiafoet con gamberetti e verdure in due ciotole e servire.

INSALATA FRESCA CON SALMONE, UOVA E PARMIGIANO

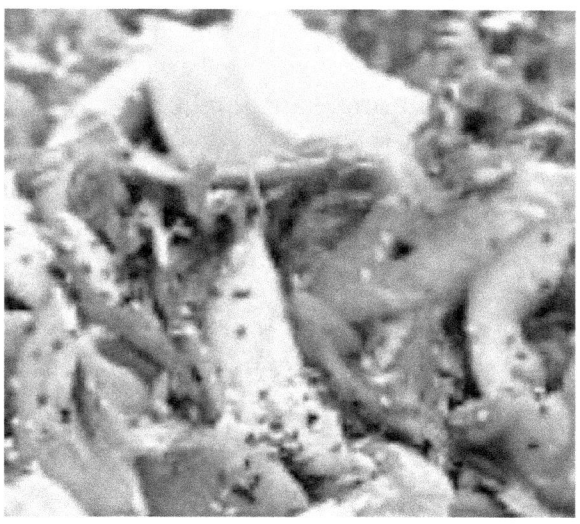

ingredienti

- 200 g di filetto di salmone, senza pelle

- 4 uova

- 200 g di romanosalat

- 10 pomodori ciliegia

- 100 g di rucola fresca

- 1 limone

- 50 g di parmigiano

- 2 cucchiai di olio d'oliva

- Crema di balsamico dattero e fico, se necessario

- 1 pizzico di sale marino (Fleur de sel)

- 1 pizzico di pepe nero

preparazione

Cuocere le uova in una pentola di acqua bollente per 8 - 10 minuti. - Poi raffreddare le uova, sbucciarle e tagliarle a metà.

Lavare le foglie di lattuga e asciugarle in una centrifuga per insalata, poi spennarle piccole - Lavare i pomodori, scolarli e tagliarli a metà - Disporre le foglie di lattuga e i pomodori su due piatti e irrorarli con 1 cucchiaio di olio.

Lavare il salmone e asciugarlo - Tagliare il salmone a pezzetti - Scaldare 1 cucchiaio di olio nella friggitrice ad aria e friggere i pezzi di salmone tutt'intorno - Condire il salmone con sale e pepe e aggiungere all'insalata.

Aggiungere le uova all'insalata e cospargere di parmigiano fresco grattugiato - Dimezzare il limone e versare un po' di succo sul salmone e sull'insalata. - Infine, rifinite l'insalata con del balsamico.

ingredienti

- 1 filetto di salmone, circa 300 g

- 500 g di fagiolini

- 2 cucchiai di burro

- 1 limone biologico

- 1 spicchio d'aglio

- 4 rametti di timo

- 1 rametto di rosmarino

- 4 cucchiai di olio d'oliva

- sale marino

- pepe

preparazione

Lavare il filetto di salmone e asciugarlo - Sbucciare e tritare finemente l'aglio - Lavare e asciugare le erbe, poi strappare le foglie dal gambo e tritare finemente - Mescolare l'aglio, le erbe e l'olio in una forma piatta, poi marinare il pesce e lasciare in infusione.

Pulire i fagioli e cuocerli in una pentola d'acqua per circa 8 minuti fino a quando sono cotti. - Scolare i fagioli e sgocciolarli. - Tagliare il limone a pezzi.

Scaldare la griglia Air Fryer e grigliare il filetto di salmone fino a quando ha strisce di arrosto, poi girare e grigliare sul secondo lato - Il filetto di salmone può anche essere preparato sulla griglia a piacere.

Nel frattempo, sciogliere il burro in un secondo Air Fryer e friggervi i fagioli e mescolarli - Poi condire i fagioli con un po' di succo di limone, sale e pepe e dividerli in due piatti.

Condire il filetto di salmone con sale e pepe. - Dimezzare il pezzo di filetto e disporne la metà sui fagioli. - Aggiungere i pezzi di limone, poi spruzzare un po' di succo di limone sul pesce e servire.

TAGLIATELLE DI VERDURE CON GAMBERETTI E POMODORINI

ingredienti

- 500 g di zucchine

- 200 g di gamberi, senza testa, con guscio

- 200 g di pomodori ciliegia

- 2 scalogni

- 2 spicchi d'aglio

- 1 limone biologico

- 200 ml di fondente vegetale

- 50 ml di olio di sesamo

- sale marino

- pepe

preparazione

Lavare e asciugare le zucchine - Tagliare le zucchine in tagliatelle lunghe e sottili con il cutter a spirale - Lavare i pomodori e scolarli, poi dividerli in quarti - Sbucciare gli scalogni e tagliarli finemente a dadini - Sbucciare l'aglio e tritarlo finemente

Lavare il limone caldo e asciutto, poi grattugiare la pelle con la grattugia - poi dimezzare il limone e spremere il succo - Rimuovere i gamberi dal guscio, non gettare la ciotola da parte, ma mettere da parte per - questo dà un grande sapore.

Scaldare l'olio di sesamo nella friggitrice ad aria e soffriggere l'aglio, gli scalogni, i gamberi e le mazzancolle. - Aggiungere i pomodori e mescolare il tutto. - Togliere i gamberi e mettere da parte. Togliere anche i gusci dei gamberi. Questi possono ora essere smaltiti.

Mettere le tagliatelle di zucchine nella friggitrice ad aria calda e riempire di brodo. - Saltare le tagliatelle di zucchine per 3 - 4 minuti. - Aggiungere la buccia di limone grattugiata e un po' di succo di limone e condire con sale e pepe.

Mescolare di nuovo il tutto, poi aggiungere di nuovo i gamberi e scaldare brevemente con - Tagliatelle di verdure con gamberi e pomodorini su due piatti e servire caldo.

SALMONE ALLA GRIGLIA CON ZUCCA E FAGIOLI AL VAPORE

ingredienti

- 2 filetti di salmone, 200 g ciascuno

- 150 g di zucca (Hokkaido o butternut squash)

- 200 g di fagiolini

- 1 limone biologico

- 3 cucchiai di olio d'oliva

- sale marino

- pepe

preparazione

Lavare i filetti di salmone e asciugarli - Lavare e asciugare la zucca, poi tagliarla a metà e togliere i semi - Tagliare la zucca a fette di 1 - 2 cm - Lavare e pulire i fagioli, poi coprire con acqua per 8 - 10 minuti.

Irrorare il salmone e la zucca con olio e cuocere sulla griglia calda. - Girare entrambi dopo 3 - 4 minuti e grigliare sull'altro lato. - Ridurre il calore e cuocere i filetti di salmone e le fette di zucca fino a quando sono finiti (il tempo di cottura può variare a seconda delle condizioni).

Lavare il limone a caldo e asciugarlo - Strofinare la buccia del limone con la grattugia, metterla in una ciotola e metterla da parte - Dimezzare il limone, spremere il limone sui filetti di salmone con la mano e irrorare con il succo di limone.

Spalmare la buccia di limone sui filetti - Scolare i fagioli in un colino, scolarli e metterli su due piatti - Aggiungere i filetti di salmone e la zucca, condire con sale e pepe e servire.

INSALATA JAAIR ESE CON GAMBERETTI

ingredienti

- 220 g di gamberi, senza testa, con guscio

- 100 g cavolo cinese crudo

- 50 g cavolo rosso crudo

- 10 pomodori ciliegia

- 2 cipollotti / n

- 1 carota (carota, carota) cruda

- 1 lime

- ½ paprica fresca gialla

- ½ paprica fresca rossa

- 6 gambi di coriandolo, freschi

- 2 spicchi d'aglio

- 200 ml di acqua potabile calda

- 5 cucchiai di salsa di soia

- 4 cucchiai di olio d'oliva

- 20 g di miele

- 2 cucchiaini di sesamo light

- 1 pizzico di sale marino

- 1 pizzico di pepe nero

preparazione

Lavare i gamberi e scolarli, poi tagliarli nel senso della lunghezza con un coltello al centro del lato dello stomaco. - Sbucciare l'aglio e schiacciarlo in una ciotola con lo schiaccia aglio. - Aggiungere l'olio d'oliva e i gamberi all'aglio, mescolare e lasciare mescolare.

Lavare le verdure e le erbe e scolare - Togliere le foglie appassite e il gambo duro dal cavolo cinese e rosso - Tagliare il cavolo cinese e rosso a strisce sottili - Dimezzare i pomodori - Pulire i cipollotti e tagliarli a strisce oblique.

Pelare la carota e tagliarla a bastoncini sottili - Togliere i semi dal peperone, poi tagliarlo ad anelli o a strisce strette - Togliere le foglie di coriandolo dal gambo e tritarle - Mettere tutti gli ingredienti preparati per l'insalata in una grande ciotola.

Dimezzare il lime e spremere il succo. - Mescolare la salsa di soia, il succo di lime, il miele e l'acqua in una piccola ciotola e aggiungere all'insalata. - Condire l'insalata con sale e pepe e mescolare il tutto.

Mettere i gamberi con aglio e olio nella friggitrice ad aria calda e friggere per qualche minuto, poi aggiungere all'insalata e mescolare di nuovo. - Mettere l'insalata JaAir Fryer ese con gamberi su due piatti, cospargere di semi di sesamo e servire

FRIGGITRICE AD ARIA DI ZUCCA BUTTERNUT CON POMODORI E HARISSA

ingredienti

- 400 g di zucca butternut di qualità biologica

- 200 g di pomodoro / n

- 2 scalogni

- 2 spicchi d'aglio

- 6 gambi di prezzemolo

- 500 ml di verdure Fond, fatto in casa

- 150 ml di vino rosso

- 3 cucchiai di olio d'oliva

- 2 cucchiai di concentrato di pomodoro

- 1 cucchiaino di Ras el hanout

- 1 cucchiaino di Harissa

- 1 pizzico di pepe nero

- 1 pizzico di sale marino

preparazione

Sbucciare la zucca butternut, rimuovere i semi e tagliare a pezzi di circa 1 o 2 cm. - Lavare i pomodori e tagliarli a pezzi. - Sbucciare e tagliare a dadini gli scalogni. - Sbucciare e affettare l'aglio. - Lavare il prezzemolo e scuoterlo per bene, sbucciare le foglie e tritarle finemente.

Scaldare l'olio d'oliva nella friggitrice ad aria e soffriggere gli scalogni e l'aglio. - Aggiungere la passata di pomodoro e l'harissa e mescolare. - Aggiungere la butternut squash e soffriggere il tutto. - Deglassare il tutto con il vino rosso e portare a ebollizione.

Aggiungere i pomodori e aggiungere il brodo - Condire con Ras el hanout, sale e pepe e mescolare - Coprire e cuocere a fuoco lento per 20 - 25 minuti.

Condire la zucca Butternut Fryer con pomodoro e harissa di nuovo con sale e pepe - Aggiungere il prezzemolo e disporre su due piatti.

ZUCCA RIPIENA CON RISO AL CAVOLFIORE e FUNGHI

ingredienti

- 2 zucca Hokkaido media

- 300 g di cavolfiore

- 12 funghi marroni

- 2 scalogni

- 2 spicchi d'aglio

- 100 g di porro crudo

- 200 g di Gouda grattugiato

- 100 g di parmigiano

- 1 limone appena spremuto

- 1 cucchiaio di olio d'oliva

- 1 cucchiaio di burro

- 6 gambi di prezzemolo

- 1 cucchiaino Cinque spezie in polvere

- 1 pizzico di sale marino

- 1 pizzico di pepe nero

preparazione

Spazzolate le zucche, sciacquatele, tagliatele a metà e sminuzzatele. - Pulire e dividere in quarti i funghi. - Tagliare i peperoni in piccoli cubetti. - Sbucciare e tagliare gli scalogni e l'aglio.

Sciacquare il cavolfiore, scolarlo e poi tritarlo con il coltello fino ad ottenere una consistenza simile al riso. - Tagliare il porro ad anelli. - Tritare il prezzemolo.

Sciogliere l'olio e il burro in una grande friggitrice ad aria e soffriggere gli scalogni con l'aglio. - Aggiungere il porro e soffriggere. - Aggiungere i peperoni, i funghi e il cavolfiore e soffriggere brevemente.

Aggiungere il succo di limone e il prezzemolo e condire con spezie, sale e pepe - Dividere il ripieno nelle metà della zucca, cospargere di formaggio e parmigiano - Cuocere le zucche in un forno preriscaldato a circa 140 ° C per 20-30 minuti.

ZUPPA DI ZUCCA CON ANACARDI TOSTATI

ingredienti

- 300 g di zucca di Hokkaido

- 2 carote medie (carota, carota) crude

- 1 scalogno

- 5 g di zenzero

- 3 g di peperoni (peperoncino) crudi

- 40 g di burro

- 750 ml di verdure Fond, fatto in casa

- 100 ml di succo d'arancia, fresco

- 1 cucchiaio di succo di limone appena spremuto

- 4 cucchiai di olio di semi di zucca

- 40 g di anacardi

- 4 gambi di prezzemolo

- 1 pizzico di sale marino

- 1 pizzico di pepe bianco

preparazione

Lavare accuratamente la zucca con acqua calda, poi asciugarla. - Tagliare la zucca a metà con un coltello grande e togliere i semi con un cucchiaio. - Tagliare una metà di zucca in piccoli pezzi.

Sbucciare e affettare le carote - Sbucciare lo scalogno e tagliarlo finemente a dadini - Sbucciare lo zenzero e tagliarlo a pezzetti - Dimezzare il peperoncino, togliere il torsolo e tagliarlo a pezzi.

Sciogliere il burro in una friggitrice e soffriggere lo scalogno. - Aggiungere le carote e la zucca e soffriggere il tutto. - Deglassare con il brodo e versare. - Aggiungere il peperoncino e lasciare cuocere a fuoco medio per 15 minuti.

Nel frattempo, lavare il prezzemolo, scuoterlo e tritarlo - Arrostire gli anacardi in una friggitrice ad aria senza grassi su tutti i lati - Poi mettere gli anacardi su una tavola da cucina e tritare con un coltello grande.

Mescolare lo zenzero, il succo di limone e d'arancia e poi togliere la pentola dalla piastra calda. - Ridurre in purea la zuppa con il frullatore a mano. - Se necessario, aggiungere un po' di acqua calda alla zuppa e mescolare di nuovo fino ad ottenere la consistenza desiderata.

Condire la zuppa di zucca con sale e pepe - Riempire la zuppa con piccole ciotole e irrorare con olio di semi di zucca - Aggiungere prezzemolo e anacardi alla zuppa e decorare con il fiore commestibile.

GRATA DI ZUCCA

ingredienti

- 800 g di zucca alla noce moscata

- 200 g di zucca Hokkaido

- 200 g di Gouda grattugiato

- 200 ml di panna montata

- 2 spicchi d'aglio

- 6 gambi di prezzemolo

- 1 pizzico di sale marino (Fleur de sel)

- 1 pizzico di pepe nero

- 1 pizzico di noce moscata secca

- 2 cucchiai di olio d'oliva

preparazione

Lavare la zucca hokkaido e tagliarla a pezzi. - Sbucciare la noce moscata e tagliarla a pezzi. - Sbucciare l'aglio. - Tritare il prezzemolo.

Scaldare l'olio d'oliva in una grande salsiera e soffriggere la zucca. - Premere l'aglio con lo spremiaglio e aggiungerlo - Aggiungere la panna e portare a ebollizione.

Aggiungere sale, pepe e noce moscata fresca grattugiata e mescolare - Mettere tutto in una grande casseruola e cospargere con prezzemolo e Gouda - Gratinare la zucca a circa 175 ° C per 40 - 45 minuti in forno preriscaldato.

BISTECCA DI MAIALE ARROSTO CON VERDURE

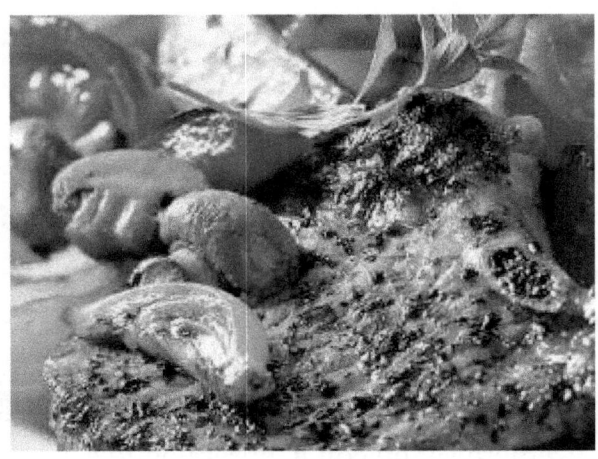

ingredienti

- 250 g di braciola di maiale, disossata

- 100 g di zucchine crude

- 40 g paprika fresca rossa

- 40 g paprika fresca gialla

- 40 g di paprika fresca verde

- 50 g di funghi marroni

- 5 gambi di timo fresco

- 2 cucchiai di olio d'oliva

- 1 cucchiaio di burro

- 1 pizzico di sale marino (Fleur de sel)

- 1 pizzico di pepe nero

preparazione

Lavare le verdure e scolarle - Affettare le zucchine ad angolo - Tagliare i peperoni a strisce - Pulire e tagliare a metà i funghi - Lavare il timo e scuoterlo per bene.

Mettere la braciola di maiale nel grill caldo Air Fryer, aggiungere il timo e grigliare la carne da entrambi i lati. -

Scaldare il burro e l'olio nel secondo Air Fryer e friggere le zucchine, i peperoni e i funghi.

Condire le verdure con sale e pepe e metterle in un piatto - Condire la braciola di maiale e aggiungerla alle verdure.

QUINOA CON ZUCCA ARROSTITA

ingredienti

- 60 g di quinoa

- 200 g di zucca di Hokkaido

- ½ cipolla / s rosso

- 50 g di rucola

- 1 gambo di menta

- ½ lime appena spremuto

- 2 cucchiai di olio d'oliva

- 1 pizzico di sale dell'Himalaya

- 1 pizzico di pepe nero

- 1 pizzico di noce moscata secca

preparazione

Mettere la quinoa in un setaccio fine e sciacquarla sotto l'acqua corrente per eliminare le sostanze amare. - Coprire la quinoa in una salsaAir Fryer con acqua. Cuocere a fuoco lento per 8-10 minuti fino a quando i granuli sono sodi. - Scolare la quinoa e lasciarla evaporare.

Lavare e asciugare la zucca, poi tagliarla a metà e raschiare i semi con un cucchiaio - Tagliare la zucca a piccoli pezzi - Sbucciare la cipolla, dimezzarla e tagliarla ad anelli sottili - Lavare la rucola e scolarla bene.

Scaldare l'olio nella friggitrice ad aria e soffriggere la zucca - Aggiungere la quinoa e la cipolla e condire con sale e pepe - Lavare la menta e scuoterla, raccogliere le foglie e tritarle - Aggiungere il succo di lime, la rucola e la menta e mescolare il tutto.

INSALATA COLORATA CON PETTO DI POLLO E GHERIGLI DI NOCE

ingredienti

- 300 g di petto di pollo, senza pelle

- 150 g di insalata di indivia

- 150 g di lattuga iceberg

- 100 g di pomodoro / n

- ½ cipolla / s rosso

- 50 g di ravanelli crudi

- 50 g di gherigli di noce, freschi

- 3 cucchiai di olio d'oliva

- 1 pizzico di sale marino

- 1 pizzico di pepe nero

preparazione

Lavare la lattuga e asciugarla nella centrifuga per insalata - Mescolare le foglie di lattuga - Lavare i pomodori e tagliarli a pezzi - Pelare le cipolle e tagliarle ad anelli sottili - Pulire i ravanelli e affettarli - Mettere tutto nell'insalatiera.

Lavare il petto di pollo e asciugarlo con una cresta da cucina. - Tagliare la carne a pezzi. - Scaldare 1 cucchiaio di olio d'oliva nella friggitrice ad aria e arrostire i pezzi di pollo tutto intorno dorati. - Condire la carne con sale e pepe.

Condire l'insalata con sale e pepe e mescolare. - Mettere l'insalata su due piatti e irrorare con olio d'oliva. - Distribuire le noci e i pezzi di petto di pollo caldi sull'insalata e servire.

INSALATA DI CAVOLETTI DI BRUXELLES ALLA ZUCCA ARROSTO CON NOCI PECAN

ingredienti

- 200 g di zucca, zucca hokkaido o zucca butternut

- 150 g di cavoletti di Bruxelles

- 60 g di noci pecan

- 20 g di mirtilli rossi

- 2 cucchiai di succo d'arancia

- 1 cucchiaio di olio d'oliva

- Sale marino

- pepe

preparazione

La zucca hokkaido è un po' più veloce, ha solo bisogno di essere accuratamente lavata e asciugata. - La zucca butternut deve essere sbucciata. - Poi tagliare la zucca in piccoli cubetti. - Pulire i cavoletti di Bruxelles, togliere le foglie appassite e tagliare a metà.

Scaldare l'olio d'oliva nella friggitrice ad aria e soffriggere la zucca e i cavoletti di Bruxelles - Aggiungere il succo d'arancia, le noci pecan e i mirtilli rossi e soffriggere per poco tempo - Condire con sale e pepe e mescolare ancora - Riempire le verdure in due piccole ciotole e servire.

ANATRA ARROSTO CON RIPIENO DI DATTERI D'ARANCIO

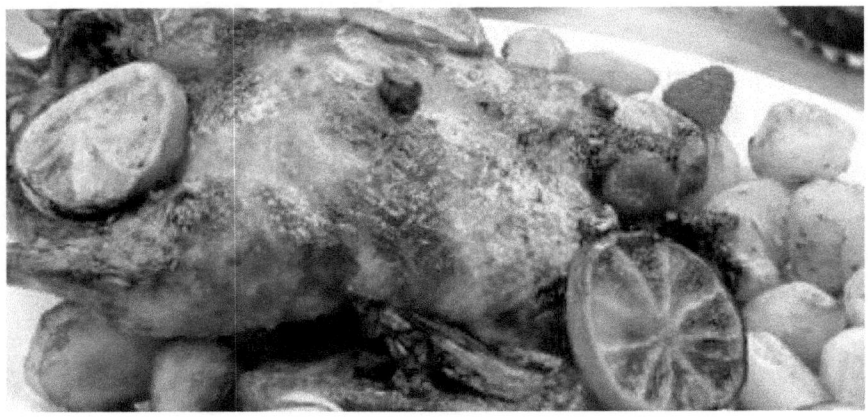

ingredienti

- 1 anatra ruspante, circa 1,5 kg

- 2 arance, qualità biologica

- 400 g di cavoletti di Bruxelles

- 150 g di sedano rapa

- 3 scalogni

- 2 carote

- 6 datteri, snocciolati

- 1 mazzo di timo

- 4 - 5 rametti di rosmarino

- 4 rami di origano

- 1 L di fondo di pollame o di verdure

- 200 ml di vino rosso

- 50 g di burro

- 2 cucchiai di olio d'oliva

- 2 anice stellato

- 2 foglie di alloro

- 1 cucchiaino di Ras el hanout

- Pepe rosa

- sale marino

- pepe

preparazione

Sciacquare l'anatra sotto l'acqua corrente e tamponarla - Lavare l'arancia a caldo e grattugiarla a secco, poi tagliarla a pezzi - Lavare e asciugare le erbe - Schiacciare i datteri grossolanamente e aggiungere l'arancia e l'anatra all'anatra insieme alle erbe e ai pezzi - La pelle dell'anatra strofinare con sale e pepe

Sbucciare gli scalogni e dadi finemente - Sbucciare e affettare le carote - Sbucciare il sedano rapa e tagliare a piccoli cubetti - Scaldare l'olio nella friggitrice ad aria Arrostire l'anatra tutto intorno marrone - Aggiungere gli scalogni, carote e sedano e soffriggere.

Deglassare il tutto con il vino e aggiungere i pezzi della seconda arancia - Aggiungere metà del fondo all'anatra e far bollire brevemente - Aggiungere l'anice stellato, l'alloro, Ras el hanout e la paprika e mescolare.

Anatra in un arrosto Air Fryer in un forno preriscaldato a 150 ° C. Arrostire l'aria per 2 ore, versare l'anatra con la salsa dalla teglia in mezzo. - Dopo 20 minuti, aggiungere il brodo rimanente e continuare a cuocere l'anatra.

Frullare i cavoletti di Bruxelles e rimuovere le foglie appassite - Dimezzare i cavoletti di Bruxelles e coprire con vapore su un po' d'acqua. Cuocere per 5 minuti fino a quando sono sodi. - Mettere i cavoletti di bruxelles in una salsaAir Fryer .

Togliere l'anatra dalla friggitrice ad aria e metterla su una griglia - Tenere l'anatra al caldo nel forno - Togliere l'anice stellato, le foglie di alloro e i pezzi di arancia dalla salsa - Ridurre in purea le verdure nella friggitrice ad aria con un frullatore a mano - Portare di nuovo la salsa a ebollizione e condire con sale e pepe.

Sciogliere il burro in una friggitrice ad aria e friggere i cavoletti di Bruxelles su tutti i lati. - Condire i cavoletti con sale e pepe e servire caldo con l'anatra e la salsa.

FRITTATA CON FUNGHI ED ERBE

ingredienti

- 8 uova taglia M

- 50 ml di panna montata 30%

- 1 piccola cipolla / n

- 4 funghi marrone

- 1 piccolo cipollotto / n

- 2 gambi di prezzemolo

- 1 pizzico di sale marino

- 1 pizzico di pepe nero

- 1 cucchiaio di olio d'oliva

preparazione

Sbattere le uova in una ciotola e sbatterle con la panna -
Sbucciare la cipolla e tagliarla ad anelli - Pulire e affettare
i funghi - Pulire il cipollotto e tagliarlo ad anelli - Lavare il
prezzemolo, scuoterlo e tritarlo.

Scaldare l'olio nella friggitrice ad aria e soffriggere le
cipolle e i funghi. - Togliere di nuovo entrambi e mettere
da parte. - Condire le uova con sale e pepe, mescolare
ancora. - Poi aggiungere la metà del composto di uova
nella friggitrice ad aria calda, poi ridurre il calore.

Aggiungere metà dei cipollotti, del prezzemolo, delle
cipolle e dei funghi saltati nella frittata e friggere le uova
fino a quando la frittata si è stabilizzata. - Continuare con
la seconda frittata allo stesso modo. - L'omelette finita
può essere tenuta in caldo nel forno a 50°C se necessario
diventare.

FRIGGITRICE AD ARIA VEGETALE CON FAGIOLI, PEPERONI E CAROTE

ingredienti

- 100 g di fagioli verdi

- 1 paprika fresca rossa

- 1 peperone verde fresco

- 3 carote (carota, carota) crude

- 2 spicchi d'aglio

- 2 cucchiai di olio d'oliva

- 1 cucchiaio di burro

- 1 pizzico di sale marino

- 1 pizzico di pepe nero

preparazione

Lavare i fagioli, pulirli e metterli in una pentola. - Coprire i fagioli con acqua e portare a ebollizione. - Far sobbollire i fagioli per circa 5 minuti, poi filtrarli in un setaccio.

Dimezzare i peperoni, togliere i torsoli e le partizioni e sciacquare le metà sotto l'acqua corrente - Tagliare i peperoni a strisce - Lavare bene le carote, dividerle a metà nel senso della lunghezza - Pelare l'aglio e tagliarlo a fettine sottili.

Scaldare il burro e l'olio nella friggitrice ad aria e aggiungere le carote. - Aggiungere i peperoni, i fagioli e l'aglio e friggere il tutto nella friggitrice ad aria per 2 - 3 minuti, mescolando le verdure più volte. - Condire la friggitrice ad aria di verdure con sale e pepe.

AVOCADO ARROSTITO IN PANCETTA

ingredienti

- 2 avocado medi odi freschi

- 1 lime appena spremuto

- 300 g di pancetta

- 1 cucchiaio di olio d'oliva

- 1 pizzico di sale marino

- 1 pizzico di pepe nero

preparazione

Dimezzare e togliere il nocciolo agli avocado - Tagliare a quarti gli avocado, togliere la polpa dalla buccia e spruzzare con succo di lime per evitare che i pezzi diventino marroni.

Stendere le fette di pancetta su una tavola e arrotolarvi i pezzi di avocado uno dopo l'altro. - Scaldare l'olio nella friggitrice ad aria e friggere gli avocado avvolti nella pancetta su tutti i lati.

Togliere gli avocado nella pancetta dalla friggitrice ad aria, condire con sale e pepe e servire caldo.

CAVOLFIORE FRITTO CON ERBE FRESCHE

ingredienti

- 600 g di cavolfiore

- 2 spicchi d'aglio

- 2 cucchiai di burro

- 2 gambi di basilico fresco

- 2 gambi di prezzemolo

- 1 cucchiaino di curcuma in polvere

- 1 pizzico di sale marino

- 1 pizzico di pepe nero

- 2 cucchiai di olio d'oliva

preparazione

Tagliare le cimette di cavolfiore dal gambo, poi lavare e scolare. - Sbucciare l'aglio e tritarlo finemente. - Aggiungere l'olio d'oliva, l'aglio, la curcuma, il sale e il pepe in una ciotola e mescolare. - Aggiungere il cavolfiore alla miscela di spezie e mescolare.

Scaldare il burro in una friggitrice ad aria e aggiungere il cavolfiore. - Friggere le cimette di cavolfiore da tutti i lati. - Lavare e asciugare le erbe, poi tritarle e aggiungerle al cavolfiore.

FEGATO FRITTO CON CIPOLLA ED ERBE

ingredienti

- 500 g di fegato di vitello (in alternativa fegato di manzo)

- 1 cipolla grande

- 4 gambi di timo

- 2 steli di salvia

- 4 gambi di prezzemolo

- 2 cucchiai di burro

- 1 cucchiaio di olio d'oliva

- sale marino

- pepe

preparazione

Lavare il fegato e asciugarlo con carta da cucina - Pulire il fegato e tagliarlo a pezzi - Sbucciare la cipolla e tagliarla ad anelli - Lavare e asciugare le erbe - Tritare finemente il prezzemolo.

Scaldare il burro e l'olio nella friggitrice ad aria e friggere la cipolla fino a doratura. - Togliere la cipolla e metterla da parte. - Mettere il fegato, il timo e la salvia nella friggitrice ad aria calda. - Friggere i pezzi di fegato su tutti i lati.

Togliere le erbe dalla friggitrice e salare e pepare la carne. - Rimettere le cipolle nell'Air Fryer e riscaldare brevemente. - Mettere il fegato fritto con le cipolle su due piatti e cospargere di prezzemolo.

ASPARAGI VERDI CON FILETTO DI SALMONE E BURRO ALL'ANETO

ingredienti

- 2 filetti di salmone con pelle di pescatore á 250 g

- 400 g di asparagi verdi

- 2 limoni biologici

- 3 cucchiai di burro

- 2 cucchiai di olio d'oliva

- 3 - 4 gambi Aneto

- pepe

- Sale marino

preparazione

Lavare gli asparagi verdi e tagliare le estremità - Pelare il
terzo inferiore dei gambi se necessario - Lavare e scolare
l'aneto - Lavare i filetti di salmone e tamponare con un
panno da cucina - Sciacquare il limone a caldo, asciugare
e tagliare a scrivere.

Per gli asparagi, scaldare 1 cucchiaio di olio e 1 cucchiaio
di burro nella friggitrice ad aria e friggere le barrette per
diversi minuti. - Girare le barrette più volte in modo che
siano fritte da tutti i lati.

Nel secondo Air Fryer, sciogliere 1 cucchiaio di olio e 2
cucchiai di burro e friggere il salmone sul lato senza pelle
per circa due minuti - Girare i filetti e friggere sul lato
della pelle. - Spruzzare la miscela liquida di olio e burro
sul pesce con il cucchiaio più e più volte,

Dividere gli asparagi verdi in due piatti e aggiungere un
filetto di salmone ciascuno. - Versare il burro liquido sul
pesce e servire con aneto e fette di limone.

STRISCE DI PETTO DI POLLO CON ASPARAGI VERDI DI STILE ASIATICO

ingredienti

- 300 g di filetto di petto di pollo, qualità biologica

- 500 g di asparagi verdi

- 2 spicchi d'aglio

- 1 scalogno

- 150 ml di acqua

- 40 ml di salsa di soia biologica

- 2 cucchiai di olio di sesamo

- 2 cucchiai di miele

- Scorza di limone da un limone biologico

- Sale di bambù

- Pepe colorato

preparazione

Tagliare la carne a strisce sottili, facendo attenzione che i tagli siano trasversali alle fibre longitudinali. - Lavare bene le lance di asparagi e sbucciare il terzo inferiore se necessario. - Tagliare gli asparagi verdi a pezzi. - Sbucciare e tagliare lo scalogno e l'aglio.

Scaldare l'olio in una friggitrice ad aria e friggere la carne. - Togliere la carne e metterla da parte. - Mettere lo scalogno e l'aglio nella friggitrice ad aria calda e soffriggere. - Aggiungere gli asparagi verdi e mescolare. - Mescolare il miele e la salsa di soia con 150 ml di acqua calda e aggiungere agli asparagi.

Rimettere le strisce di carne nella friggitrice ad aria con gli asparagi verdi e mescolare il tutto. - Aggiungere la scorza di limone alla carne e condire con sale e pepe. - Disporre le strisce di petto di pollo con gli asparagi verdi all'asiatica su due piatti e servire.

FILETTO DI SALMONE SU ASPARAGI VERDI E CAVOLO RAPA

ingredienti

- 2 filetti di salmone á 200 g

- 500 g di asparagi verdi

- 50 g di lattuga d'agnello

- 1 cavolo rapa grande

- 2 - 3 rami di aneto

- 2 cucchiai di olio d'oliva

- 1 cucchiaio di burro

- 1 cucchiaino di bacche rosa

- sale marino

preparazione

Lavare il salmone e asciugare con carta assorbente da cucina - la pelle del salmone con il vostro coltello affilato - lattuga e lavare l'aneto e scolare.

Tagliare le foglie degli asparagi e sbucciare la parte inferiore se necessario - Sbucciare e tagliare a dadini il cavolo rapa - Mettere il cavolo rapa e gli asparagi in una grande pentola con inserto per la cottura a vapore e cuocere fino a quando croccante nel vapore caldo.

Scaldare il burro e l'olio d'oliva nell'Air Fryer e friggere il salmone dalla parte della pelle. - Poi coprire con l'Air Fryer e cuocere il salmone coperto a fuoco medio - A seconda di quanto è spesso il filetto, il salmone deve arrostire per 10 - 20 minuti.

Disporre l'insalata di mais su entrambi i piatti - Aggiungere gli asparagi e il cavolo rapa e adagiare il salmone sui piatti - Cospargere il salmone con aneto tritato e sale marino e servire caldo.

TROTA ARROSTITA CON BURRO E LIMONE

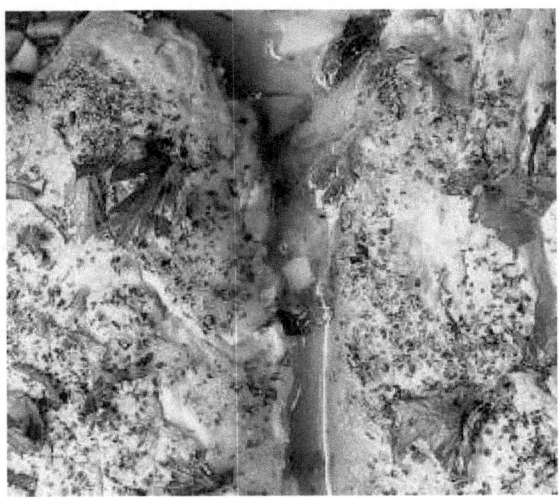

ingredienti

2 trote iridee tranne la testa

- 100 g di burro

- 2 limone / n

- 4 dita d'aglio

- 4 gambi di aneto fresco

- 4 steli di timo fresco

- 1 pizzico di sale marino

- 1 pizzico di pepe nero

preparazione

Sciacquare le trote sotto l'acqua corrente e scolarle sul telo da cucina. - Lavare i limoni a caldo, asciugarli, poi tagliarli a fette e il secondo a barchette. - Lavare le erbe aromatiche e scuotere per asciugarle.

Sbucciare l'aglio e tritarlo grossolanamente. - Riempire la trota con le erbe, l'aglio e le fette di limone. - Tagliare il burro a pezzi e scioglierne circa la metà nella friggitrice ad aria. - Friggere la trota da entrambi i lati per poco tempo.

Mettere la trota in un piatto refrattario e cuocere in forno preriscaldato a 175°C per 15-20 minuti. Togliere la trota dal forno e imburrare. Salare e pepare il pesce e servire con la barca di limone.

BISTECCA SU CIPOLLOTTI CON SALSA DI CILIEGIE

ingredienti

- 4 bistecche di manzo da 180 g

- 1 mazzo di cipollotti

- 1 bicchiere di ciliegie

- 1 scalogno

- 6 gambi di rosmarino

- 2 cucchiai di aceto balsamico

- 2 cucchiai di olio d'oliva

- 2 cucchiai di burro

- 1 cucchiaio di Xucker

- ½ cucchiaio di agar agar

- Sale marino

- pepe

- bastoncini di cannella

- 100 ml di acqua

preparazione

Pulire i cipollotti e tagliarli a strisce oblique - Tritare finemente il rosmarino - Scolare le ciliegie attraverso un setaccio, raccogliendo il succo - Sbucciare lo scalogno e tritarlo finemente.

Per la salsa, scaldare 1 cucchiaio di burro e soffriggere lo scalogno. - Aggiungere Xucker e deglassare con il succo di ciliegia, l'aceto e l'acqua e portare a ebollizione. - Far sobbollire la salsa per 5-10 minuti. - Mescolare l'agar agar in poca acqua, aggiungere alla salsa, mescolare e portare di nuovo a ebollizione - Condire la salsa con sale, pepe e cannella fresca grattugiata. - Togliere la pentola dal fuoco e aggiungere le ciliegie alla salsa.

Scaldare il burro e l'olio nella friggitrice ad aria e friggere le bistecche per 2 minuti. - Girare le bistecche e arrostire sull'altro lato per circa 2 minuti. - Mettere le bistecche su un piatto grande e condire. - Mettere una bistecca al rosmarino su ogni bistecca, con un secondo piatto grande coprire le bistecche e lasciarle riposare nel forno a circa 50°C per 5 minuti.

Aggiungere i cipollotti nella friggitrice ad aria e soffriggere da tutti i lati - Aggiungere il rosmarino tritato, poi condire i cipollotti con sale e pepe e dividerli in quattro piatti. - Togliere le bistecche dal forno e aggiungerle alle cipolline. - Versare la carne con la salsa di ciliegie e servire.

PEPERONI GRATINATI

ingredienti

- 2 grandi peperoni rossi

- 600 g di carne di manzo macinata

- ½ zucchina

- 1 scalogno

- 1 cucchiaio di olio d'oliva

- 200 g di Gouda, grattugiato

- 12 gambi di timo

- sale marino

- pepe

preparazione

Lavare le verdure e le erbe e scolarle - Dimezzare i peperoni e togliere i semi - Tagliare le zucchine a piccoli pezzi - Sbucciare lo scalogno e tagliarlo finemente a dadini - Togliere le foglie da 6 gambi di timo.

Scaldare l'olio nella friggitrice ad aria e soffriggere lo scalogno con le zucchine. - Togliere di nuovo entrambi e friggere la carne macinata. - Condire la carne macinata con sale e pepe e mescolare con le foglie di timo, le zucchine e lo scalogno.

Versare il composto di carne macinata nelle metà dei peperoni e cospargere con il Gouda - Mettere i peperoni in una casseruola e gratinare per 15 - 20 minuti in forno preriscaldato. - Coprire i peperoni alla paprika con il timo e servire.

GAMBERI SU INSALATA

ingredienti

- 250 g di gamberi biologici

- 125 g di mix di lattuga biologica

- 6 pomodori ciliegia

- ½ cipollotto

- 1 cucchiaio di olio d'oliva

- 1 spicchio d'aglio

- 1 limone biologico

- Sale marino

- pepe

preparazione

Spazzolare i gamberi - Sbucciare e tritare l'aglio -
Sciacquare il limone caldo, asciugare e grattugiare la
buccia - Mettere il limone, l'olio d'oliva, l'aglio, un po' di
sale e pepe in una ciotola e mescolare - Aggiungere i
gamberi e lasciare per 10 minuti.

Lavare l'insalata e asciugarla nella centrifuga per insalata
- Pulire il cipollotto e tagliarlo ad anelli sottili - Lavare e
tagliare a metà i pomodori - Spremere il limone - Mettere
l'insalata e le verdure in un'insalatiera, condire con sale e
pepe e irrorare con un po' di succo di limone.

Mettere i gamberi e la miscela di olio e limone in una
friggitrice ad aria calda e friggere i gamberi da tutti i lati. -
Distribuire l'insalata su due piatti, servire i gamberi caldi
e servire.

BISTECCA DI ENTRECOTE

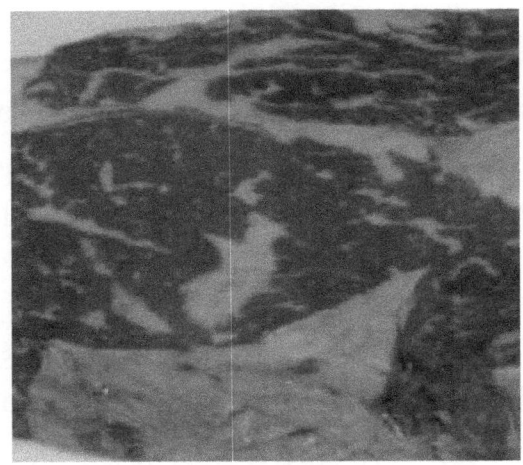

ingredienti

- 500 g di bistecca (1 pezzo)

- 50 g di burro

- 1 bulbo d'aglio

- 1 cucchiaio di olio d'oliva

- 2 gambi di timo

- sale marino

- pepe

preparazione

Sciacquare la carne e asciugarla, salarla e lasciarla riposare brevemente. - Scaldare l'olio e il burro in una friggitrice ad aria antiaderente. - Tagliare il bulbo d'aglio a metà e metterlo nella friggitrice ad aria con il timo.

Arrostire la carne da ogni lato per circa 4 - 6 minuti. - Girare la bistecca diverse volte.

Togliere la carne dall'Air Fryer e lasciarla riposare in forno a 50°C per 6 - 8 minuti, distribuendo così il liquido in modo uniforme nella carne.

SALMONE CON ANETO

ingredienti

- 2 filetti di salmone á 250 g (dal pescatore)

- 1 limone biologico

- 1 cucchiaio di burro

- ½ cucchiaio di olio d'oliva

- ½ mazzo di aneto

- sale marino

- pepe colorato

preparazione

Lavare il limone e tagliarlo a barchetta - pepe e sale marino in un mortaio pestato - burro e olio in un Air

Fryer e salmone prima sulla pelle sear salmone - girare e sear l'altro lato.

Condire il salmone, mettere l'aneto con il salmone nell'Air Fryer e cuocere per 10 - 15 minuti in un forno preriscaldato a 170°C. - Distribuire il salmone su due piatti e servire con una barchetta di limone.

PETTO DI POLLO CON JULIENNE E INSALATA DI VERDURE

ingredienti

- 2 filetti di petto di pollo á 250 g

- 100 g di carote

- 100 g di radice di prezzemolo

- 50 g di porro

- 50 g di peperone rosso

- 2 - 3 rametti di timo

- 2 cucchiai di burro

- sale dell'Himalaya

- pepe

- 1 cucchiaio di olio d'oliva

preparazione

Pelare, lavare e pulire le carote e le radici di prezzemolo. - Tagliare i peperoni a metà, rimuovere e lavare i semi. - Dimezzare e lavare i porri. - Tagliare le verdure intere in sottili strisce alla julienne.

Spuntare le foglie di timo - sciacquare il petto di pollo e asciugarlo - massaggiare il petto di pollo con olio, sale, pepe e timo - friggere in una friggitrice ad aria rivestita fino a doratura.

Sbollentare le verdure e disporle sui piatti insieme al filetto di pollo.

FILETTO DI MANZO CON POMODORI

ingredienti

- 2 filetti di manzo, filetto Black Angus da 150 g

- 6 - 8 pomodori ciliegia

- 4 - 6 funghi marroni

- 1 patata grande

- 3 - 4 gambi di rosmarino

- 3 - 4 gambi di timo

- 2 cucchiai di burro

- 1 cucchiaio di olio d'oliva

- pepe

- Sale marino

preparazione

Legare i filetti di manzo - Pulire e dimezzare i funghi - Sciacquare i pomodori e le erbe - Lessare la patata intera con il guscio nella pentola, poi tagliarla a fette.

Scaldare l'olio d'oliva e il burro in una friggitrice ad aria e saltare i filetti su entrambi i lati. - Mettere le erbe nel forno e cuocere la carne in un forno preriscaldato per 10 - 12 minuti a 160°C.

Aggiungere i funghi, gli spicchi di patate e i pomodori ai filetti nella friggitrice ad aria dopo circa 5 minuti e cuocere. - Togliere la friggitrice ad aria dal forno, condire con sale e pepe, lasciare riposare brevemente e poi servire.

PETTO D'ANATRA CON VERDURE DEL WOK

ingredienti

- 500 g di filetti di petto d'anatra

- 200 g di cavolo cinese

- 200 g di broccoli

- 200 g di Kaiserschoten

- 12 funghi marroni

- 2 cipollotti

- 2 spicchi d'aglio

- 2 peperoncini rossi

- ½ peperone rosso

- circa 4 cm di zenzero fresco

- Succo di un limone

- 100 ml di fondente vegetale

- 6 cucchiai di salsa di soia

- 1 cucchiaio di olio di sesamo

- 1 cucchiaino di miele

- Sale di bambù

- pepe

preparazione

Tagliare i filetti di petto d'anatra a strisce - Tagliare il cavolo cinese a piccoli pezzi - Tagliare le cimette di broccolo dal gambo - Pulire i melograni - Spazzolare i funghi e tagliarli a metà.

Pulire i cipollotti e tagliarli ad anelli larghi - Sbucciare l'aglio e lo zenzero e tagliarli a fette sottili - Tagliare i peperoncini ad anelli - Tagliare i peperoni a pezzetti.

Scaldare l'olio nel wok, friggere la carne con la cipolla e poi mettere da parte in una ciotola calda. - Mettere la paprika, i broccoli e il Kaiserschoten nel wok caldo e soffriggere.

Aggiungere i funghi, l'aglio e lo zenzero e soffriggere - il cavolo cinese e i peperoncini per ultimi - Aggiungere il brodo e aggiungere ancora la carne.

Aggiungere la salsa di soia, il miele e il succo di limone e far sobbollire brevemente. - Condire con sale e pepe e servire caldo.

PETTO DI POLLO ARROSTO CON SALSA DI POMODORO

ingredienti

- Per il petto di pollo

- 2 filetti di petto di pollo á 200 g

- ½ cucchiaino di paprika

- ½ cucchiaino di curcuma

- Sale marino (Fleur de sel)

- pepe

- 1 cucchiaio di olio d'oliva

- Per la salsa

- 2 pomodori

- 50 g di zucchine

- 1 cipolla rossa

- ½ mazzo di coriandolo

- 1 peperoncino rosso

- 1 spicchio d'aglio

- Succo di un lime

- Sale marino

- pepe

preparazione

Tagliare i pomodori e le zucchine in piccoli cubetti - Sbucciare la cipolla e l'aglio e tagliarli a misura. - Tritare il peperoncino e il coriandolo.

Versare il succo di lime in una ciotola e aggiungere gli ingredienti tritati - Condire con sale e pepe e lasciare in ammollo.

Per il petto di pollo mescolare le spezie in una piccola ciotola e strofinare i filetti con esse. - Scaldare l'olio d'oliva in una friggitrice ad aria e friggere i filetti da entrambi i lati.

Togliere i filetti di petto di pollo dalla friggitrice, tagliarli e spalmarci sopra la salsa di pomodoro.

INSALATA COLORATA CON FUNGHI FRITTI

ingredienti

- 10 funghi

- 2 pomodori

- 1 lattuga romana

- 1 manciata di insalata di mais

- 1 manciata di rucola

- 1 manciata di Lattughino rosso

- 1 cucchiaio di olio d'oliva

- sale marino

- pepe

- balsamico

preparazione

Lavate le foglie di lattuga, asciugatele nella centrifuga per insalata e mettetele nell'insalatiera. - Tagliare i pomodori in piccoli pezzi e aggiungerli all'insalata. - Aggiungere il sale, il pepe e un po' di aceto balsamico e mescolare.

Pulire i funghi e dividerli in quarti - Scaldare l'olio in una friggitrice ad aria e saltare i funghi da tutti i lati. - Distribuire l'insalata su due piatti e coprire con i funghi fritti.

COSCE DI POLLO CON FINFERLI

ingredienti

- 2 cosce di pollo á 200 g

- 100 g di finferli

- 50 g di funghi

- 1 scalogno

- ½ mazzetto di timo

- Sale e pepe marino

- 2 cucchiai di olio d'oliva

preparazione

Sciacquare le cosce di pollo sotto l'acqua calda e asciugarle - Sbucciare e tagliare a dadini lo scalogno - Togliere le foglie di timo dal gambo.

In una grande friggitrice ad aria, scaldare 1 cucchiaio di olio d'oliva e soffriggere le cosce di pollo da tutti i lati. - Cospargere le cosce di pollo con il timo e cuocere in forno preriscaldato a 140 ° C per circa 35 minuti.

Spazzolare i funghi - In una seconda friggitrice ad aria, scaldare 1 cucchiaio di olio d'oliva e soffriggere gli scalogni. - Aggiungere i funghi e soffriggere per un breve periodo. - Condire i funghi Air Fryer con sale e pepe e aggiungere al pollo.

SHASHLIK

ingredienti

- 500 g di filetto di maiale

- 2 peperoni gialli

- 12 pomodori ciliegia

- 2 cipolle

- 1/2 mazzo di prezzemolo

- 2 - 3 rametti di timo

- 2 limoni

- Sale dell'Himalaya

- pepe bianco

preparazione

Tagliare a dadini la carne - Sbucciare la cipolla e tagliarla a dadini piccoli - Tritare il prezzemolo e il timo.

Mettere la cipolla, le erbe, il succo dei limoni, il sale e il pepe in una ciotola e mescolare. - Aggiungere i cubetti di carne e marinare. - Coprire la carne e tenere coperto per almeno 4 ore.

Tagliare i peperoni a pezzi - Sbucciare e soffriggere la seconda cipolla - Disporre la carne alternativamente con cipolle, peperoni e pomodori sugli spiedini e grigliare per 10 - 15 minuti.

POLPETTE DI AGNELLO CON SALSA

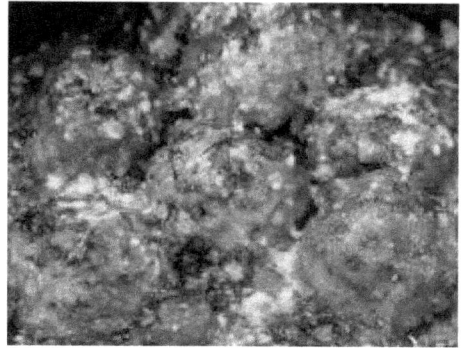

ingredienti

- 400 g di agnello tritato crudo

- 1 tuorlo d'uovo, uovo di gallina

- 150 g di yogurt di soia

- 1 cucchiaino di senape mediamente piccante

- 1 pizzico di pepe rosso di Caienna

- 1 pizzico di cumino secco

- 1 pizzico di semi di finocchio

- 1 pizzico di sale marino (Fleur de sel)

- 2 cucchiai di burro

- 1 cucchiaio di olio d'oliva

- 2 pomodori grandi / n

- 1 cipolla media rossa

- 2 spicchi d'aglio

- 1 peperoncino crudo

- 1 pizzico di sale marino (Fleur de sel)

- 1 pizzico di pepe nero

- 1 lime piccolo

- 10 gambi di coriandolo, freschi

- 3 cucchiai di olio d'oliva

preparazione

Tagliare i pomodori su Krenz, versare in acqua bollente per poco tempo e poi spellare. - Tagliare i pomodori in quarti, togliere i noccioli e tagliarli in piccoli pezzi.

Sbucciare la cipolla e l'aglio e tritare finemente - Dimezzare il peperoncino e i semi del corer - Mettere i pomodori, la cipolla, l'aglio, un po' di peperoncino e gli ingredienti rimasti in una ciotola e tritare con il frullatore a mano - non deve essere una poltiglia omogenea.

Mettere l'agnello tritato, lo yogurt, la senape e l'uovo in una ciotola e mescolare. - Pestare tutte le spezie nel mortaio e aggiungere al composto di carne macinata, impastare e fare delle palline.

Scaldare il burro e l'olio in una friggitrice ad aria e friggere le polpette in un marrone dorato. - Servire le polpette di agnello con la salsa.

Youthaid's

Guide to Training and Benefits for Young People

Youth Credits, Youth Training, Modern Apprenticeships

and the

Benefit Rights of Unemployed 16 and 17 Year Olds

by Ianthe Maclagan
Revised 1997

Published by Youthaid, 322 St John Street, London EC1V 4NT.

Youthaid is a company limited by guarantee (no. 1309076)
and a registered charity (no. 273921).

Published April 1997.

Printed by RAP.

A catalogue record for this publication is available from the British
Library.

ISBN 0-907658-29-6

Ingram Content Group UK Ltd.
Milton Keynes UK
UKHW020637230523
422205UK00014B/452